中华后土文化丛书

主编　叶涛

副主编　刁统菊

中华后土文化·图像卷

本卷主编　马梦莹

山东大学出版社
SHANDONG UNIVERSITY PRESS
·济南·

万荣县人民政府委托项目、山东大学横向合作科研项目
“中华后土文化与万荣后土祠研究”（项目编号：12310013552101）
“中华后土文化图像艺术研究”（项目编号：12310013552203）

图书在版编目（CIP）数据

中华后土文化 . 图像卷 / 叶涛主编 ; 马梦莹本卷主编 . -- 济南 : 山东大学出版社 , 2024.3
ISBN 978-7-5607-8203-4

Ⅰ . ①中… Ⅱ . ①叶… ②马… Ⅲ . ①中华文化 – 研究 Ⅳ . ① K203

中国国家版本馆 CIP 数据核字 (2024) 第 071039 号

策划编辑　傅　侃
责任编辑　傅　侃
封面设计　王　旭

中华后土文化·图像卷
ZHONGHUA HOUTU WENHUA · TUXIANG JUAN

出版发行	山东大学出版社
社　　址	山东省济南市山大南路 20 号
邮政编码	250100
发行热线	（0531）88363008
经　　销	新华书店
印　　刷	东港股份有限公司
规　　格	787 毫米 × 1092 毫米 1/16 13.5 印张 207 千字
版　　次	2024 年 3 月第 1 版
印　　次	2024 年 3 月第 1 次印刷
定　　价	98.00 元

中华后土文化丛书
编纂委员会

学术委员会

中华后土文化 · 图像卷

主　编　马梦莹

图片供稿（按姓氏笔画排序）

马梦莹　王　汉　王　琪　王庆安　叶育伦　朱宇璞
刘　静　刘怡辰　孙　博　李　松　李亚慧　李武勋
陈　耕　陈泽仁　林　达　罗国家　胡春涛　姜　波
柴书毓　高　明　梁雅琨　宿亚光　敬佳鸣

大观仓艺术博物馆
武威市博物馆
重庆中国三峡博物馆
晋之源壁画艺术博物馆

线描图制作

郜　虹　胥彭睿劼

中华后土文化研究的新起点
（代序）

2021年10月，山西省万荣县人民政府与山东大学签署《山东大学横向科研项目合同书》，正式启动了“中华后土文化与万荣后土祠研究”项目的调研工作。在此后两年半的时间里，项目组经历了新冠肺炎疫情防控的紧张岁月，也度过了2023年各项工作回归正常后忙碌的时光。在大家的共同努力下，作为结项成果的“中华后土文化丛书”终于要出版面世了，此时，作为项目的组织者，我的心情既兴奋不已又忐忑不安。

令人兴奋的是，在中华文明发展史上占有重要地位的后土文化，因为这个项目的实施，终于能够以比较系统、比较全面的面貌呈现在世人的面前。

“皇天后土”是国人对自然界的“天”和“地”最常用的称呼，这种将天地对应起来予以称呼的做法早在春秋战国时期就形成了。两千多年以来，后土及其相关的信仰和祭祀活动，始终贯穿于中华历史文明的漫漫长河中，成为国家祭祀与民间信仰、封建帝王与黎民百姓、华夏大地与海外华人社区共享的一种文化现象，也因此成为中华优秀传统文化的核心组成部分，被视作中华文明得以传承发展不可或缺的根脉。然而，与后土在中国历史文化发展中所占有的重要地位相比，关于后土文化的系统研究、对于后土文化的普及宣传就显得比较薄弱了。

这套“中华后土文化丛书”是对中国历代典籍中关于后土记录的系统整理，是对近代以来对于后土研究成果的总括性展示，主要集中在研究论著的选编、典籍史料的全面搜集与整理、后土文化传承与传播的历史与现状、后土文化核心传承地区的祠庙建筑与民俗信仰生活等方面，我们希望通过这套丛书的编纂与出版，能够对中华后土文化予以全方位的呈现。

我为这个项目所设定的学术目标是：为前人的研究做总结，为后代的学人打基础。恰恰是这个自我设定的目标，成为如今令我忐忑不安的原因。

首先，在项目启动后将近一年半的时间，由于新冠肺炎疫情防控的缘故，计划中的田野调查全部受到影响，这主要包括：对于作为后土文化核心传承区的山西省万荣县后土文化的系统深入的调查，对于后土文化在海内外传承与传播的面上的调查，对于万荣后土祠经典建筑的历史挖掘与现状的系统测绘等，虽然在疫情期间和疫情之后有限的时间里，上述几个子课题的项目组成员对相关内容进行了力所能及的调查,但还是留下了一些无法弥补的遗憾。

其次，后土文化所包含的内容极其丰富，涉及的学术领域也非常广泛，对于后土文化的调查与研究属于多学科、跨领域的综合性学术工程。每当想到这些，我的心中就惴惴不安：我本人和项目组的成员个人的知识结构、调查能力和研究水平都有限，竟然敢于涉足如此重要的研究领域，敢于承担如此重要的研究项目，我们是不是太不自量力了?！在项目进行的过程中，随着对后土文化了解的逐步深入，我们就更加清楚自己在学养和能力方面所存在的不足。当然，我们并没有知难而退，我们把这项工作当作一次难得的学习和提升自我的机会，尽最大努力去弥补我们的不足。

我此前曾经组织过几个类似的集体性研究项目，对于这类项目的调查和研究积累了一定的经验，也有过深刻的教训。作为后土文化研究这类集体合作的科研项目，内容策划和选择合适的参与者是能否取得成功的关键。

在项目内容的设计方面，根据后土文化所涉及的领域，我们采取了分解研究内容，以子课题的形式展开调查与研究工作，这些子课题主要包括“中华后土文化研究综述”“中华后土文献的搜集与整理”“中华后土文化建筑概览”“中华后土文化文学资料的搜集、整理与研究”“万荣后土祠研究”“万荣后土文化调查与研究”，在2022年4月项目中期报告会之后，又增设了“中华后土文化图像艺术研究”专项课题，共计7个子课题，这也就是如今摆在我们面前的7卷9册的结项成果：《研究卷》《史料卷》《文学卷》《图像卷》《宫庙卷》《万荣后土祠卷》《万荣后土文化卷》。

在项目组成员的组成方面，根据项目内容的要求，一定要找专业对口、有能力做好研究工作、有责任心的学者承担任务，特别是选好合适的课题负责人是项目顺利完成最关键的一步。我们项目组的成员以中青年学者为主，“70后”“80后”甚至是“90后”承担起了重任，子课题的负责人（丛书各卷的主编）都是接受过严格的学术训练、责任心强、善于合作、乐于奉献的中青年学者，在项目结束和成果即将出版面世的时候，我对团队成员的工作十分满意，对于大家辛勤努力所取得的成果感到十分骄傲！

在项目调研工作和编纂写作的过程中，我们特别注意向在后土及其相关领域有所研究的专家学者学习和请教。为此，2022年6月至9月，我们组织了为期十三讲的“后土与中华文明”系列讲座，包括“后土与社、地母之关系初探”“后土图像遗存的流变与阐释”“女神的转向：后土与碧霞元君的形象叙事”“后土史料的搜集、整理与初步研究”“解读万荣后土祠”“南洋华人的后土信仰——民族意象与天人观念的在地诠释”“宋真宗东封西祀对后土信仰的影响”“《道藏》中的‘后土皇地祇’”“西汉国家祭祀中的后土祠”“日本华侨公墓与后土、土地神信仰——旅日华侨社会的历史和记忆之表象”“天下后土——后土文化的传播与影响”“后土文化的核心传承区——万荣县后土文化的调查与研究”“从国家祭祀到民间信仰——关于后土文化研究的几个问题”，主讲人主要是项目各子课题的负责人以及特邀的田天、刘云军、王琛发（马来西亚）、松尾恒一（日本）等对后土文化有深入研究的学者。同时，每一讲都邀请了国内外相关领域的知名学者作为与谈人，通过这种讲座汇报和与谈指导的形式，先后共有40余位学者为本项目的调查与研究出谋划策。

在两年半的时间里，我们项目组的全体成员，始终是以敬畏之心面对后土文化，是以严肃认真的态度、严谨规范的学风开展调查与研究工作，我们深知这套丛书一定会存在诸多不足甚至是错误，我们期待着学术界和社会各界对于这套丛书的批评指正。

中华后土文化研究能够得以立项，在此必须要特别感谢中共万荣县委和万荣县人民政府的主要领导们，他们充分认识到了后土文化在中国历史文明中占有的重要地位，迫切希望充分挖掘后土文化的历史价值和现实意义，并且希望在万荣县的政治经济和社会文化发展建设中发挥后土文化的功用。没有他们的大力支持，就不可能有这个项目的实施，更不可能在如此短促的时间里完成项目的调研和丛书的编纂工作，谢谢你们！

为前人的研究做总结，为后代的学人打基础，是我们这个项目的初衷。如今，作为合作项目的科研工作已经告一段落，作为结项成果的中华后土文化丛书也将出版面世，我们的项目可以结项了。但是，对于博大精深的中华后土文化的研究，这只能说是一个新的起点。我们期待着有更多的社会有识之士关注后土文化，期待着有更多的学界才俊投入到对于后土文化的深入研究中，期待着在中华后土文化这片沃土上结出更加辉煌灿烂的成果。

叶　涛

2024年3月于东瀛旅次中

本卷编写说明

一、本书是“中华后土文化与万荣后土祠研究”项目子课题“中华后土文化图像艺术研究”的结项成果，旨在从图像角度全面搜集整理与后土相关的视觉材料，并配以初步研究。目前所见古今后土图像数量丰富、媒材多样，且尚待对之进行全面整理归类，这一领域亟待开展基础性的工作。本书期待通过对后土图像的收集整理，呈现中华文化中自古至今的后土图像流变，推动学界从艺术史与图像学等角度对后土开展进一步的深入研究，进而凸显多学科的相互交织与促进。

二、根据后土文化的源流、发展与现今流传情况，与后土密切相关的视觉材料大体可分为四类，分别因国家祭祀、佛道信仰、民间崇拜、丧葬礼俗而产生。本书主要选取后土具有人格化形象的图像材料进行展示，谋篇布局以媒材为纲，分门别类展示雕塑、壁画、卷轴画、版画中的后土形象，每种媒材内部再以时代先后为序。部分后土宫庙主殿所供奉的是后土雕塑，主殿、献殿常有与后土信仰联系较密切的壁画，本书将此类绘画一并纳入雕塑部分介绍，相关壁画图片附列在该宫庙后土雕塑图片之后。

三、本书收录的图像有明确可考的后土身份。例如：其在生成与使用环节有明确的称呼，道教常称之“后土皇地祇”，佛教榜题称“后土圣母”，民间后土信仰称“后土圣母”“后土娘娘”等；或是依据图像应有的配置逻辑、相关图像志，可考实身份，如后土与其他神祇一起组成道教“四御”或“四帝二后”的系列；或是依据地方宫庙相关碑记、地方志材料确定主祀神祇为后土。而民间信仰中往往有的宫庙所祀女性尊神虽称“圣母”“娘娘”，但语意不详，其身份可能是碧霞元君、娲皇圣母（女娲）、泰山老母等女神，此类无可考实的图像不纳入本书范围。

四、本书采取图文并茂的编辑方式，图像的定名首先依据榜题文字，无榜题的则依据考证定名。基本介绍中除简述后土图像情况及特征外，兼以学术性，综合前人成果对后土身份、时代略加考证。后土壁画等样例配以殿堂布置图以示后土所处空间位置，一些客观因素受限、清晰度不高的后土图像附有线描图。

五、文中年号纪年后括号内加注公元纪年，榜题文字漫漶之处录文以“□”表示。

目 录

概　述 ……………………………………………………………1

雕　塑……………………………………………………………33
1. 重庆大足南山第 5 窟三清古洞后土图像……………………34
2. 重庆大足南山第 4 窟圣母龛后土图像………………………38
3. 安岳瑞云乡老君岩 1 号龛后土图像…………………………41
4. 龙山石窟第 2 窟三清洞后土图像……………………………43
5. 延长七里村石窟后土图像……………………………………46
6. 金灯寺石窟第 5 窟后土图像…………………………………48
7. 汾阳太符观后土图像…………………………………………50
8. 介休后土庙后土图像…………………………………………55
9. 石楼后土圣母庙后土图像……………………………………58
10. 临汾东羊后土庙后土图像……………………………………62
11. 宿州市博物馆藏后上像………………………………………67
12. 北京白云观后土图像…………………………………………68
13. 万荣后土祠后土图像…………………………………………71
14. 曲沃赵庄后土圣母庙后土图像………………………………74
15. 现当代后土与地母图像选例…………………………………76

壁　画……………………………………………………………81
1. 芮城永乐宫后土及相关图像…………………………………82
2. 加拿大多伦多安大略皇家博物馆藏后土图像………………87
3. 稷山青龙寺后土图像…………………………………………92
4. 繁峙公主寺后土图像…………………………………………94
5. 蔚县故城寺后土图像…………………………………………96
6. 怀安昭化寺后土图像…………………………………………98
7. 药王山南庵后土图像…………………………………………101

目　录

8. 临汾浮山老君洞后土图像……………………………………………103
9. 沁水玉皇庙后土图像…………………………………………………106
10. 白沙大宝积宫后土图像……………………………………………109
11. 汾阳后土圣母庙后土图像…………………………………………111
12. 阳高云林寺后土图像………………………………………………119
13. 蔚县玉皇阁后土图像………………………………………………121
14. 浑源永安寺后土图像………………………………………………125
15. 蔚县重泰寺后土图像………………………………………………127

卷轴画………………………………………………………………129
1. 民乐县博物馆藏后土皇地祇轴………………………………………130
2. 九天后土圣母诸神众轴……………………………………………132
3. 上元夫人后土元君轴………………………………………………134
4. 大观仓艺术博物馆藏水陆画轴及局部后土组像………………………136
5. 平阳府水陆画轴及局部后土组像……………………………………138
6. 武威市博物馆藏水陆画轴及局部后土组像……………………………140
7. 武威市博物馆藏金妆上彩水陆画轴及局部后土组像…………………142
8. 武威市博物馆藏绢本后土皇地祇轴…………………………………144
9. 武威市博物馆藏纸本后土皇地祇轴…………………………………146
10. 北京白云观藏后土皇地祇轴………………………………………148
11. 大观仓艺术博物馆藏四御青龙白虎轴及局部后土图像………………150
12. 四川江津地区斋醮画轴……………………………………………154

版　画……………………………………………………………157
1.《新编连相搜神广记》后土皇地祇像…………………………………158
2.《万象水陆》后土圣母像……………………………………………160

3.《新刻出像增补搜神记》后土皇地祇像……162
4.《三教源流搜神大全》后土皇地祇像……164
5.《历代神仙通鉴》后土像……166
6.《历代神仙通鉴》后土像……168
7.《历代神仙通鉴》后土像……170
8.《绘图三教源流搜神大全》后土皇地祇像……172
9.《三教源流圣帝佛帅搜神大全》后土皇地祇像……174
10.《绣像搜神记》后土皇地祇像……176
11.《绣像搜神记》后土皇地祇像……178
12. 清代北京地区后土皇帝纸马……180
13. 清代北京地区后土皇帝纸马……182
14. 民国时期北京地区后土皇帝纸马……184
15. 民国时期浙江地区后土真君纸马……185
16. 天地九佛诸神年画及局部后土像……186

主要参考文献 ……188

图片来源 ……192

后　记 ……199

概述

一、后土图像的历史源流与图像类型

后土植根于中华传统文化，根源深厚，历朝历代产生了诸多与后土相关的视觉材料。由于后土内涵丰富，涉及国家祭祀、佛道及民间信仰、丧葬习俗等方方面面，以下分类对其进行梳理。

1. 敬天祀地：早期后土崇拜与国家祭祀中的后土图像

"皇天后土"这个词，中国人耳熟能详，其中的"后土"，便出自早期的后土崇拜。其起源很早，先秦时期的典籍如《左传》《周礼》等文献，以及包山楚简等出土文献中都有关于后土的记录。这一时期，后土代表大地，是抽象化的自然神。先秦文献对于后土的记载并不统一，《左传》中称句龙为"后土"，又有"后土为社"等说法；《周礼》中说："后土，社神也。"[1] 有学者梳理相关文献，认为后土有着人名、官名、神名的内涵：人名，即共工之子；官名，即管理土地的官职，句龙、大禹、颛顼之子犁都曾任过此职；神名，即社神。[2]

关于早期后土信仰，后土与社的关系一直是讨论的焦点。自东汉郑玄、唐孔颖达开始，到清代孙诒让都在试图解释后土的内涵以及其与社的关系。后世的学者也在讨论这一问题，沙畹[3]、丁山[4]、萧登福[5]等先生认为后土是社，而凌纯声[6]、尹虎彬[7]、魏建震[8]等学者认为后土与社关系密切，但区别显著。由于文献记录的差异，使得后土与社的关系仍存在争议，但我们仍可以合理推测，后土是与皇天相对应，代表大地的自然神。与早期后土崇拜相关的视觉材料，可以参见与社、祭社相关的一些图像。[9]比如在江苏省徐州市铜山县丘湾商代古遗址，发现了杀人祭社的遗迹（图 1-1）。该遗迹是以四块大石

1　《周礼注疏》卷二十五，阮元校刻：《十三经注疏》，中华书局 2009 年影印本，第 1752 页。

2　参见韦正春：《中国古代后土形象的起源和嬗变》，《天府新论》2020 年第 2 期。

3　参见［法］沙畹：《古代中国社神》，卢梦雅译，《国际汉学》2015 年第 2 期。

4　参见丁山：《中国古代宗教与神话考》，《古代神话与民族》，商务印书馆 2015 年版，第 318—367 页。

5　参见萧登福：《后土与地母——试论地土诸神及地母信仰》，《运城学院学报》2005 年第 1 期；《后土地母信仰研究》，（台北）新文丰出版公司 2015 年版。

6　参见凌纯声：《中国古代社之源流》，《民族学研究所集刊》1964 年第 17 期。

7　参见尹虎彬：《浅谈后土与后土崇拜》，《青海社会科学》2012 年第 2 期。

8　参见魏建震：《先秦社祀研究》，人民出版社 2008 年版，第 148—157 页。

9　郑岩教授在 2022 年 6 月 30 日"后土与中华文化"系列讲座之二"后土图像遗存的流变与阐释——以道、释领域中的后土图像为中心"中提示笔者可以注意后土早期渊源的相关图像材料，在此表示感谢！

图 1-1　江苏徐州铜山丘湾商代古遗址祭坛

竖立土中，中央的一块最大，其他三块在其南、北、西三方。周围有 20 具男女遗骨，俯身屈膝，双手被反绑在背后，应该是人牲。此外还有两个人头骨、12 具狗的骨架。此处可能是社祭的祭坛。

郑岩教授在山东博物馆工作期间，发现了“梧台里石社碑”，仅存有碑额。残高 72.5 厘米，宽 712 厘米，厚 20.7 厘米。碑阴正中刻有大树，树上有双鸟，左右各有羽人，树下有一猴一鸟（图 1-2）。此树应就是“社树”[1]，是汉代社祭的重要形象资料。

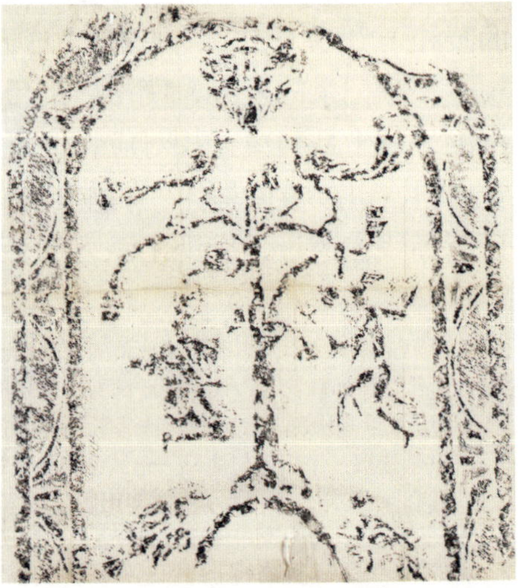

图 1-2　梧台里石社碑碑额“社树图”

甘肃省酒泉市丁家闸 5 号墓中有十六国时期的壁画，其中南壁也有社

1　参见朱正昌主编：《碑刻造像》，山东友谊出版社 2002 年版，“梧台里石社碑”，第 125—127 页。

树的图像（图 1–3），树上有鸟与怪兽，树旁有建筑，立木七根，树下女子裸身，作耙草状。图像表现的也是社祭的场景，树下的立柱平台是社祭所用的祭台。[1]汉晋时期社树图像还有不少，如高台许三湾东汉墓棺板社树图、嘉峪关毛庄子魏晋墓木板社树图等，此不赘述。从与社相关的图像中我们也能窥见古人对于土地崇拜的观念。

图 1–3　甘肃省酒泉市丁家闸 5 号墓南壁“社树图”及局部

早期的后土信仰随着社会的发展，自汉代起成为后土国家祭祀。后土国家祭祀是国家礼制的重要组成部分，不同时期郊祀制度和国家礼制中都涉及祀地，即后土祭祀。

由于祭祀后土被列入国家礼制，相应地也产生了由国家层面制定的、祭拜后土所必需的建筑，这些建筑类型的视觉材料虽然多已不存，但关于其图像的描述，见诸史籍，这些与后土祭祀相关的建筑历代被称为“方泽”“方丘”“地坛”等。如《礼记正义》郑玄注称“冬至祭天于圆丘之上……夏至祭地于方泽之中”[2]，此时夏至祭地就在“方泽”中。

汉代时汉武帝对祭地非常重视，他认为不仅需要祭天，也需要祀地：“今上帝朕亲郊，而后土无祀，则礼不答也。”众臣回应：“今陛下亲祠后土，

1　参见郑岩：《酒泉丁家闸十六国墓社树壁画考》，（台北）《故宫文物月刊》总第 143 期，1995 年 2 月。

2　《礼记正义》卷二十四，阮元校刻：《十三经注疏》，中华书局 2009 年影印本，第 3118 页。

后土宜于泽中圜丘为五坛”，随后“天子遂东，始立后土祠汾阴脽丘，如宽舒等议。上亲望拜，如上帝礼”。[1]自此之后，在都城外建坛祭祀后土成为常态，同时，汉武帝还在汾阴建后土祠祭拜。但由于路途遥远，汉代也并非历代皇帝都前往汾阴，只有汉武帝、汉宣帝、东汉光武帝等亲至脽上祭祀。西汉平帝时期王莽改制，对后土坛的形制进行了详尽的规定：“后土坛方五丈六尺。茅营去坛十步外，土营方二百步限之。其五零坛土茅营，如上帝五神去营步数，神道四通，广各十步。宫内道广各二丈，有阙。”[2]一直延续到魏晋南北朝，皇室祭地的场所都是“方泽”或“方丘”。

唐代时的国家礼制依旧是日常在长安北郊方丘祭祀后土，同时汾阴后土祠并行不废，虽终唐一代仅有玄宗两次亲临汾阴祭后土，但国家层面上依旧对后土祠四时祭祀。[3]文献上记载唐代武则天时汾阴后土祠内有女像，至今早已不存，唐玄宗时又在后土祠设坛，皇帝亲祀就在此坛上，并依照祭拜方丘之礼。[4]北宋方丘的主要建筑为皇地祇坛，宋仁宗皇祐年间，礼官建议将其扩建，“皇地祇坛四角再成，面广四丈九尺，东西四丈六尺。上成高四尺五寸，下成高五尺，方五丈三尺，陛广三尺五寸，卑陋不应典礼。请如唐制增广之”。[5]神宗、哲宗时期都对方丘进行过改制，至徽宗时逐渐规范，为两层坛：“一成广三十六丈，再成广二十四丈，每成崇十有八尺，积三十六尺，其广与崇皆得六六之数，以坤用六故也。”[6]金代仍设方丘，为三层坛。元代实行合祀天地的制度，元初皇帝还遣使代祭后土。

现存的国家祭祀中的后土图像遗存是明代以来建立的北京地坛（以下简称“地坛”）。地坛位于北京市东城区安定门外，内坛占地640亩，护坛地

---

1 司马迁：《史记》卷二十八，中华书局1982年版，第1389页。

2 司马彪：《续汉书·祭祀志》，《后汉书》志第七，中华书局1965年版，第3159页。

3 《唐六典》“郎中员外郎”条：“夏至祭皇地祇于方丘，以高祖配焉；祭神州于坛之第一等；五岳、四镇、四海、四渎、五方山林、川泽、丘陵、坟衍、原隰，凡七十坐，皆于内壝之内。汾阴后土祠庙亦四时祭焉。”（《唐六典》卷四，中华书局1992年版，第121页）

4 《旧唐书》：“先是，脽上有后土祠，尝为妇人塑像，则天时移河西梁山神塑像，就祠中配焉。……又于祠堂院外设坛，如皇地祇之制。及所司起作，获宝鼎三枚以献。（开元）十一年二月，上亲祠于坛上，亦如方丘仪。”（刘昫等：《旧唐书》卷二十四《礼仪志》，中华书局1975年版，第928—929页）

5 脱脱等撰：《宋史》卷一百《礼志》，中华书局1985年版，第2449页。

6 脱脱等撰：《宋史》卷一百《礼志》，中华书局1985年版，第2453—2454页。

1467 亩，是明清两代 14 位帝王祭祀皇地祇的场所，虽然历代皇室几乎都建坛祭拜地祇，但北京地坛是唯一得以完整保存的建筑。北京地坛始建于明嘉靖九年（1530），称为“方泽坛”，嘉靖十三年（1534）改称“地坛”，清代乾隆时期又进行了改建，使之规模更加宏大。

由于古代“天圆地方”的观念，地坛的建筑群基本都使用正方形为结构母题，包括内外坛垣、方泽坛坛台、泽渠及内外坛壝等均为方形（图 1-4）。现存的建筑包括方泽坛、皇祇室、神库、宰牲亭、斋宫、神马殿、钟楼、牌楼、坛门等。此外，地坛建筑枋心彩绘均为双凤，也暗含了后土为坤属阴的内涵（图 1-5）。

图 1-4　北京地坛方泽坛

图 1-5　地坛皇祇室正门匾额旁双凤彩绘

2. 道释丹青：佛道图像中的后土形象

从宋代开始，后土被吸纳进道教的神祇体系，自此至今留下了诸多人格化的形象。差不多在同时期，佛教的水陆法会广为吸收三教诸神赴法坛，后土也被纳入佛教水陆画的图像结构中。佛道美术中涌现出诸多女性后土形象，是本书主要展示的内容之一。

后土先是从宋代开始，在道教中占有一席之地。自汉代以来，祭拜后土被纳入国家祭祀，后土颇受官方礼重。宋代时的几位皇帝格外重视后土，宋真宗于大中祥符四年（1011）至脽上亲祀后土，在汾阴“祀后土地祇，备三献”[1]。到了宋代徽宗政和六年（1116），后土更是被册封为“承天效法厚德光大后土皇地祇”[2]。后土被册封之后，道教也吸纳这一封号，将后土的神格提升，列入四御之中。四御位于三清之下，其组合逐渐稳定，即“太上开大执符御历含真体道昊天至尊玉皇上帝、中天星主紫微北极大帝、勾陈星宫紫

1　脱脱等撰：《宋史》卷一百四，中华书局 1985 年版，第 2536 页。
2　脱脱等撰：《宋史》卷二十一，中华书局 1985 年版，第 398 页。

微天皇大帝、承天效法厚德光大后土皇地祇”[1]。三清四御地位尊贵，宋代以来的道教艺术中多有其形象成组出现，无论是宫观壁画、石窟造像、宫庙彩塑，还是道教斋醮仪式中所使用的卷轴画、纸牌画，都出现其身影。此外，宋代以来的道教图像系统中还出现了一种“四帝二后”的图像配置，是在四御的基础上再增加一男一女两位神祇，这种图像结构也非常流行。这样，道教美术中就遗留下大量包含后土皇地祇的图像。

宋代又是一个佛道互鉴、三教合流进程进一步加快的时代，佛教水陆法会中也出现了后土形象。宋代时佛教的一种超度亡魂的仪式在汉地非常流行，那就是水陆法会。宋代僧人遵式解释了“水陆”之名的由来：“水陆者，所以取诸仙致食于流水，鬼致食于净地之谓也。”[2]这种度亡的仪式受到上至官方、下至百姓的欢迎，并产生了诸多水陆仪轨，如杨锷《水陆仪》、宗赜《水陆仪文》、志磐《水陆新仪》等。宋代以来的水陆法会不断得到发展完善，明代时期僧人祩宏又依志磐《水陆新仪》制《法界圣凡水陆修斋仪轨》，此外又有《天地冥阳水陆仪文》等文献，清代僧人仪润编《法界圣凡水陆普度大斋胜会仪轨会本》，僧人咫观修撰《法界圣凡水陆大斋普利道场性相通论》（又称《鸡园水陆通论》）。而水陆仪轨吸纳了三教诸神，来赴法坛。法会所奉请的神祇不仅有佛、菩萨、明王、尊者等佛教神灵，也有道教神灵，如北极紫微大帝、三官四圣、二十八宿、后土圣母、五岳四渎、冥殿十王等，此外还召请儒家世俗众生灵魂前来受度，如往古帝王嫔妃、贤臣良将、儒流贤士、孝子烈女乃至各类无主孤魂，也在被超度之列。水陆法会的构成更像是一种“万神谱”，涵盖了儒、释、道三教的内容，水陆画的题材自然也就包括了一定数量的道教神祇，这其中就有以“后土圣母”为榜题的图像。[3]

佛道图像中的后土形象都是女性。早期的后土植根于中国人的宇宙观，

1　《道法会元》卷一百四十二，《道藏》第29册，北京文物出版社、上海书店、天津古籍出版社1988年版，第726页上栏。《上清灵宝大法》等道经亦有类似记载。

2　《金园集》卷二“施食正名”条，《卍续藏经》第101册，（台北）新文丰出版公司1983年影印本，第236页。

3　除了图像上的榜题文字，相应仪轨中也出现“后土圣母”。如《天地冥阳水陆仪文》卷中“召请下界仪”：“一心奉请，特修万汇，德化无疆，尊超于五帝之前，位列于四溟之上，覆载神功。后土圣母。”（戴晓云：《天地冥阳水陆仪文校点》，中国社会科学出版社2014年版，第55页）

是天地初分之后代表“地”的自然力量，这种抽象概念并未产生人格化的具体形象。到了唐代，文献记载后土呈现出女神的形象，《旧唐书》所载：“先是，脽上有后土祠，尝为妇人塑像。”[1] 唐武则天时期万荣后土祠中的后土塑像就已经是女性了，有学者认为这一女性形象反映的是武则天时期女皇当政的现实，有道德和政治的意图，也与《后土夫人传》这样的文学作品有关。[2] 宋代时道教又将后土列入四御，其中的首位为昊天至尊玉皇上帝，就是如今民间熟知的玉皇大帝，其地位最高，代表上天，而与之相配的就是后土皇地祇，代表大地。这样的阴阳、乾坤相配的观念可能也影响到后土形象的塑造，自此后土作为女性神的形象基本就此固定沿用下来。

佛、道艺术中的后土形象往往有相似性，特别是同一地区的后土形象在服制、风格、色彩等各方面超越了宗教的藩篱，显示出一致性。究其原因，一方面是因为中国的道教与佛教相互交织、互相借鉴，特别是明代以来三教合流不断发展，都使得图像主题与风格之间有所互动共融，相互学习。另一方面，同一地区的佛道图像往往出自同一画坊，画工、粉本都有传承。比如晋南地区宗教美术作品众多，元代时就有技艺极佳的画师朱好古见诸史籍[3]，朱好古及其门人绘制了永乐宫三清殿道教壁画以及现藏于加拿大安大略皇家博物馆的稷山兴化寺后殿《弥勒说法图》、藏于故宫博物院的稷山兴化寺《七佛说法图》等壁画作品。这样，由于师徒众人擅长重彩宗教人物，在一地既创作道观壁画，又创作佛寺壁画，因此地区间的佛、道后土图像常呈现出类似的面貌风格。

3. 俗世仙缘：民间社会中的后土形象

乡土社会是民间信仰滋生的土壤，敬拜后土的信众颇多，从而产生了丰富的民间后土宫庙、后土雕塑与后土壁画。这些女性后土形象也是本书所展示的重点之一。

汉唐以来，民众在汾阴已经产生了地方性的民间信仰后土神祠，《旧唐书》

1 刘昫等：《旧唐书》卷二十四，中华书局 1975 年版，第 928 页。

2 参见廖咸惠：《唐宋时期南方后土信仰的演变——以扬州后土崇拜为例》，《汉学研究》1996 年第 2 期。

3 《襄陵县志》卷二十三、《平阳府志》卷二十七、《山西通志》卷一百五十八等地方志文献均载有朱好古事迹。

中记载："先是，脽上有后土祠，尝为妇人塑像，则天时移河西梁山神塑像，就祠中配焉。"[1] 这种以河西梁山神相配的配置可能就是民间信仰的样式。雷闻[2]、刘晨[3] 等学者都指出，南北朝以来地方淫祀流行，后土民间信仰有着延续性，唐玄宗在汾阴亲祀后土，体现出了"使儒家祭祀与民间神祠紧密结合"的"坛庙并举"[4]。然而唐代时脽上后土祠中的后土塑像，早已随着沧海桑田、时移世改而不存了。

后土民间信仰在明清时期被大大加深扩散。在民间社会富饶肥沃的文化土壤中，各地都滋生出敬奉后土的神祠宫庙，民众往往亲切地称呼它为"后土圣母庙""后土庙""后土娘娘庙""后土奶奶庙"等。明清时期，由于位于山西万荣的后土祠是后土崇拜的"祖庙"，影响巨大，这使得晋南地区衍生出后土民间信仰的文化圈，并辐射周边，产生诸多后土宫庙。有学者认为晋南后土民间信仰的发展，与汾阴距北京较远、黄河决口导致汾阴后土祠数次重修、佛道与民间信仰的结合有关。且明代封禅逐渐衰落，国家降低了对自然崇拜的重视，同时后土有着良好的民众信仰基础，社会基层组织也发生了变化，使得从明代开始，后土民间信仰进一步扩散加深。[5] 而河北、河南、陕西乃至南方各地也有许多民间信仰后土庙留存。

与道教崇敬三清，后土处于配祀地位不同，民间信仰中的后土往往是主尊。这明显表现在民间后土祠庙宫观的建筑布局上。道教宫观中的后土殿不会是正殿，而是处于从属地位的配殿，而民间后土庙则以供奉后土的大殿为正殿。其布局分为简单类，即以大殿、戏台为基本构成要素的四合院，以及组合类，即以中轴线贯穿的多进院落，有山门、戏台、献殿、正殿等建筑。[6] 其中，戏台是后土庙必不可少的建筑空间，而唱戏酬神，是后土庙会中最热闹、必不可少的环节。

民间后土信仰的另一个重要特征是围绕后土信仰，乡民会自发举办相关

1 刘昫等：《旧唐书》卷二十四《礼仪志》，中华书局 1975 年版，第 928—929 页。
2 参见雷闻：《郊庙之外：隋唐国家祭祀与宗教》，生活·读书·新知三联书店 2009 年版，第 56—60 页。
3 参见刘晨：《中华后土文化·研究卷》，山东大学出版社 2024 年版。
4 雷闻：《郊庙之外：隋唐国家祭祀与宗教》，生活·读书·新知三联书店 2009 年版，第 56 页。
5 参见尉彦超：《从"官方祭祀"到"民间信仰"——晋南后土崇拜流变》，《寻根》2019 年第 2 期。
6 参见沈旸等：《山西后土庙建筑遗存探析》，《兰州理工大学学报》2011 年第 37 卷。

的活动。民间信仰重实用性，后土因其女性的身份，演化出非常重要的一项职责，即求子保育。乡民会在固定的日子，一般是农历三月十八后土圣诞，聚在一起祭祀祈年，开庙会赛神，晋南还有祭拜后土"拔花求子"的风俗。现如今，民间后土信仰并未随着社会经济的发展而消失，而是以文化遗产的形态延续至今，如今的后土庙仍旧是村落的活动中心与文化场所，是维系乡村民众情感的重要纽带，体现了村落整合的社会文化意义。

民间后土宫庙中有诸多后土形象。地方宫庙主殿一般都会供奉后土圣母雕塑，往往主位为后土，配祀有其他娘娘像，如送子娘娘、施药娘娘、注生娘娘、眼光娘娘等，配祀神祇身份往往不定，有时还有地方性的神参与其中，体现出民间信仰的功利性与随意性特点。一些规模较大的宫庙，其配殿或献殿内还会绘制壁画，描绘后土圣母宫殿燕乐、生活等场景。山西汾阳后土圣母庙中的壁画是其中翘楚，除了描绘燕乐、生活场景，还有两铺表现后土圣母出巡、回銮的圣驾及宫殿。

4. 安土镇魂：墓地中的后土相关图像

先秦以来，后土作为土地崇拜的对象，参涉的是阳间的事务，对后土的祭祀也一直延续后世。同时自汉代始，世间还流行另一种关于后土的观念，即后土掌幽都。汉代王逸认为："幽都，地下后土所治也。地下幽冥，故称幽都。"[1]当人们魂归幽冥之后，就归入后土的治下，这一内涵使得后土一定程度上开始参与到人的身后事。魏晋南北朝时期的一些买地券中就有后土的记载。

唐代时，祭拜后土成为儒家丧葬礼仪中的重要环节。《大唐开元礼》卷一百三十八《凶礼·三品以上丧之一》"卜宅兆"条记载，在丧礼阶段，占卜确定葬地位置这个步骤中需要"铺后土氏神席于墓左，南向，设酒尊于神座东南"。酒奠之后宣读祝词，"祝持版进于神座之右，东面跪读祝文曰：'维年月朔日，子某官姓名（若主人自告，父称孤子、母称哀子姓名），敢昭告于后土氏之神：今为某官姓名（若主人自告，云为父某官封某甫、母云太夫人若郡君某氏，各随官称之），营建宅兆。神其保佑，俾无后艰。谨以清酌脯醢，

1 王逸章句，洪兴祖补注：《楚辞章句补注》卷九，岳麓书社2013年版，第199页。

祇荐于后土之神，尚飨。’”[1]之后在下葬阶段中，灵柩与随葬品置入墓穴并封闭后，有在墓地进行的“祭后土”一步：“预于墓左除地为祭所。柩车到，祝吉服铺后土氏神席，北方，南向。”[2]由于左为尊位，后土神位布置在墓地之左，“祭后土”具体的礼仪流程，与“卜宅兆”时的流程大同小异。

宋代《朱子家礼》中有“祭墓”的礼仪，规定选择三月上旬的某一天祭墓，提前准备祭品：“更设鱼肉米面食各一大盘，以祀后土。”到达墓地之后，洒扫墓地，除了为坟茔除草，“又除地于墓左，以祭后土”。在参神、三献等环节结束后，还要告后土，“辞神，乃彻，遂祭后土，布席，陈馔。四盘于席南端，设盘盏匙箸于其北，余并同上。降神，参神，三献。同上，但祝词云：‘某官姓名，敢昭告于后土之神，某恭修岁事于某亲某官府君之墓，惟时保佑，实赖神休，敢以酒馔，敬伸奠献，尚飨。’”[3]

明代仍延续了之前的做法，《明史·礼志》吸收了《大明集礼》和《大明会典》的内容，又参以《朱子家礼》，规定了不同身份人群的丧葬礼仪。品官丧礼中，下葬前“告后土，遂穿圹”，墓室中放好墓志铭后，“掩圹复土，乃祠后土于墓”。[4]现今的考古成果就发现了贵州省遵义市海龙屯遗址中明代黄氏墓左侧有一“后土神”石碑。[5]清代依旧有祭墓时祭后土的行为。

出于这种观念，产生了一些与后土相关的图像，主要以碑刻的形式表现。如山东省邹城市唐村镇中唐村潘氏家族墓地就存有一通后土神位碑(图1−6)。碑高1.1米、宽0.65米、厚0.27米，立于清道光二十九年（1849）。碑正中为“后土神位”四字，有“道光贰拾玖年岁次己酉端阳月下浣之穀旦”题记。类似的还有山东省邹城市唐村镇照山庄清光绪十五年（1889）的“后土之神位”碑（图1−7）等。

1　萧嵩等奉敕撰：《大唐开元礼（附大唐郊祀录）》卷一百三十八，民族出版社2000年影印清光绪十二年洪氏公善堂校刊本，第661页。

2　萧嵩等奉敕撰：《大唐开元礼（附大唐郊祀录）》卷一百三十九，民族出版社2000年影印清光绪十二年洪氏公善堂校刊本，第667页。

3　郭嵩焘撰：《校订朱子家礼》卷五，岳麓书社2012年版，第720—721页。

4　张廷玉等撰：《明史》卷六十，中华书局1974年版，第1490页。

5　参见卢训：《海龙屯遗址明代黄氏墓及其后土神研究》，《遵义师范学院学报》2020年第5期。

图 1-6　山东省邹城市唐村镇中唐村潘氏家族墓地后土神位碑

图 1-7　山东省邹城市唐村镇照山庄后土之神位碑

这一习俗在现今中原祭墓时，似乎遗留下来的不多，但闽南、两广、台湾地区依旧有这样的习俗，华人墓地常有后土神碑（图 1-8）。

祭墓时祭祀后土的文化也在域外流传开来，马来西亚等东南亚国家[1]，日本等东亚国家[2]，其华人华侨社群中，也常能发现墓园中安放后土神位的情况（图 1-9）。

图 1-8　台湾省彰化县大成乡墓地与墓地后土神位

1　参见王琛发：《南洋华人墓园的后土崇拜》，《中华礼仪》2012 年。

2　参见［日］松尾恒一：《日本华侨公墓与后土、土地神信仰——旅日华侨社会的历史和记忆之表象》，《徐州工程学院学报》（社会科学版）2016 年第 2 期。

图 1-9 日本横滨中华义庄（中央碑刻为“本山后土之神”）

二、后土图像志与其身份判断依据

中国古代宗教美术中，神祇身份的判定往往依据相关的图像志，比如佛教观音菩萨常戴化佛冠、文殊菩萨骑青狮、普贤菩萨骑白象，道教元始天尊持宝珠、灵宝天尊持如意、道德天尊持宝扇等。明清以来随着三教合流与民间信仰的不断深入、市民文化与小说话本的发展，还产生了许多“泛宗教化”的人物形象，比如民众熟知的“马王爷有三只眼”、孙悟空拿金箍棒等等，这些特征也会相应地体现到相关图像上。但后土则不同，在其图像生成的历程中，后土并未发展出固定的、有代表性的图像志，这给其身份判断带来了困难。

梳理现今可见的后土图像，后土基本呈现出两种样貌：一种是后妃服制，另一种是帝王服制。

后妃服制的后土样例较多，较早的如南宋绍兴年间重庆大足南山第 5 窟三清古洞中心柱龛，其中的后土造像就梳高发髻，戴凤钗，宽衣大袖，霞帔披帛，长裙佩玉（图 1-10）。元代永乐宫壁画中亦有后土皇地祇像，其服制保留了宋代皇后服制中的多种要素，与台北故宫博物院藏宋高宗皇后坐像有诸多相似之处，也戴龙凤花钗冠，并饰两博鬓，大袖衣袍，此外还披帛霞帔，配璎珞，足踩凤舄（图 1-11）。

图 1-10　大足南山第 5 窟后土皇地祇造像

图 1-11　永乐宫三清殿壁画后土皇地祇

宋元以来后土形象常为后妃状，究其原因，可能是宋代官方为神祇“赐服”的制度，影响了后世各地后土形象的形成与规范统一。北宋大中祥符二年（1009），朝廷为后土庙赐服：“二年正月十三日，诏少府监制后土庙衣冠，遣使奉上。仍令礼官详定制度。礼院上言：‘《礼令》不载后土衣冠之制，今请用皇后礼衣修制。’从之。”[1] 所赐服的后土庙即山西脽上汾阴后土庙，自汉武帝亲祀以来，此处后土庙就受到朝廷重视，宋真宗也曾亲往祭祀后土。而具体所赐服制，据《太常因革礼》具引此大中祥符二年（1009）敕等内容可知，应是参照《衣服令》[2] 皇后服制来制作：“礼院例册，大中祥符二年正月十四日敕：河中府后土庙，宜令礼院依礼例册造衣冠，赍送往彼者。礼院称，伏

1　徐松辑，刘琳等校点：《宋会要辑稿》礼二八，上海古籍出版社 2014 年版，第 1287 页。

2　所赐服制参照的《衣服令》有研究者认为即《宋淳化衣服令》，稍早于大中祥符时，参见［日］仁井田陞：《唐令拾遗·衣服令第十七》，日本东方文化学院东京研究所 1933 年版，第 413 页。然而楼劲先生指出所谓“淳化令式”只是对宋太宗淳化年间校勘《唐令》《唐式》误字的误解，内容上仍为《唐令》与《唐式》，并无重新立法之义，参见楼劲：《辨所谓“淳化令式”》，《敦煌学辑刊》2005 年第 2 期。无论是否为淳化新定令式，此条《衣服令》都应是大中祥符二年时皇后礼服制度。

缘《礼令》不载后土合服衣冠，今详检到皇后所服礼衣，未敢依此回牒少府监修制造，候敕旨。一，准《衣服令》，皇后服：首饰花十二株，（小花如大花之数，并两博鬓。）袆衣，（深青织成为之，文为翚翟之形，素质五色十二等。）素纱中单，黼领，罗縠褾襈，（褾襈皆用朱色。）蔽膝，（随裳色，以緅为领缘，用翟为章三等。）大带，（随衣色，朱里，纰其外，上以朱锦，下以绿锦，纽约用素组。）以青衣革带，青袜舄，（舄加金饰。）白玉双珮，玄组，双大绶，六采，玄、黄、赤、白、缥、绿，纯元质，长〔二〕丈四尺，五〔百〕首，广一尺。（小双绶，长二（丈）〔尺〕六寸，色同大绶，而首半之，间施三玉环。）受册、助祭、朝会诸大事，则服之。诏令宜依皇后礼衣修制。”[1] 可以看到，宋元时期的后土服饰，特别是永乐宫三清殿壁画的女主神形像，基本依照了《衣服令》的规定进行描绘。

明代后土形象依旧以后妃像为主流，山西汾阳田村的后土圣母庙壁画描绘有后土圣母出行、回銮等场景，后土梳高发髻，上饰龙凤金钗，所穿为红色有金色龙纹的圆领大袖长袍，霞帔披帛，其袖口的羽状装饰与永乐宫女像的类似，以显示后土身穿天人羽衣的神圣身份（图 1-12）。明代后土雕塑也有很多，从道教宫观到地方神祠，后土往往都呈现后妃样貌，如山西省汾阳县太符观后土圣母殿中的后土圣母彩塑，虽冠饰已毁，现为新修复，但从服饰上看，也是大袖长袍、霞帔披帛、璎珞佩玉的形象（图 1-13）。

明代后土的服制与明代皇后常服的形制比较一致。《明史・舆服志》规定：“皇后常服。洪武三年定，双凤翊龙冠，首饰、钏镯用金玉、珠宝、翡翠。诸色团衫，金绣龙凤文，带用金玉。四年更定，龙凤珠翠冠，真红大袖衣霞帔，红罗长裙，红褙子。冠制如特髻，上加龙凤饰，衣用织金龙凤文，加绣饰。”[2] 汾阳田村后土庙壁画上后土圣母所梳发髻可能就是“特髻”，饰有龙凤钗，衣袍朱红色，上有“织金龙凤”纹饰。各地后土雕塑基本也遵照了这一特征。清代以来民间后土神祠中奉祀后土雕塑亦多，此外也有后土壁画传世，后土形象多沿袭后妃的基本服制，此不赘述。

那么，后妃服制可否作为判定后土身份的标志呢？答案是否定的。这是因为中国宗教美术中还有诸多其他女性神祇，如天妃圣母、碧霞元君（又称“泰

1　《太常因革礼》一书曾收入《宛委别藏》，民国《丛书集成初编》收录并排印时，据廖廷相撰《校识》校改部分文字，故此处引用文字参考两版以及《宋史》卷一五一《舆服志三》《唐令拾遗》引文加以整理。参见欧阳修等奉敕编：《太常因革礼》卷八十二《新礼十五》“河中府祭后土庙”条，《宛委别藏》，江苏古籍出版社 1988 年影印本，第 866—867 页；《丛书集成初编》本，中华书局 1985 年版，第 399 页。

2　张廷玉等撰：《明史》卷六十六《舆服志》，中华书局 1974 年版，第 1612—1623 页。

图 1–12　汾阳后土圣母庙壁画后土圣母

图 1–13　汾阳太符观后土圣母彩塑（复原后）

山娘娘”）、西王母等，在视觉表现上与后土相似。如山西太原晋祠圣母殿中的主尊“显灵昭济圣母”像（图 1–14），为北宋原作，又经过历代改塑，保留了明代特征，其服制仿效了一品命妇冠服[1]，与后土服制看上去比较相似。有类似后妃服制的还有美国芝加哥艺术博物馆藏碧霞元君造像（图 1–15）、河北石家庄毗卢寺天妃圣母壁画（图 1–16）等。

图 1–14　晋祠圣母彩塑

图 1–15　芝加哥艺术博物馆藏碧霞元君造像

图 1–16　石家庄毗卢寺壁画天妃圣母等众

1　参见梁韵彦：《帝制国家的神祇服制：以晋祠圣母像为中心的讨论》，《装饰》2021 年第 7 期。

明清时期，随着民间信仰不断发展，地方以“圣母”或“娘娘”为名的神祠涌现，而这些民间神祠正殿内供奉的雕塑往往较为程式化，如山西临汾市东羊后土庙主尊供奉后土，配祀碧霞元君、娲皇圣母，这些造像在图像特征上比较趋近，衣饰无法成为区分她们身份的依据。同一地区的图像也常共享相近的粉本，如遍布山西的娘娘庙或奶奶庙，主尊常为后土圣母，配祀子孙娘娘、注生娘娘、眼光娘娘等女神，同一祭祀圈内这些不同身份造像的差别也是比较细微的。因此，据后妃命妇服制来断定后土身份是不准确的。

后土的另一种样貌是戴冕旒冠的帝王像，这些样例占比较小，集中出现在卷轴画这种媒材中。比如民乐县博物馆所藏的明代绢本重彩后土皇地祇轴（图 1-17）、北京白云观藏清代绢本重彩后土皇地祇轴（图 1-18）、长沙大观仓艺术博物馆藏清代纸本重彩四御及青龙白虎神将轴（图 1-19）等。后土皇地祇为女相，面容慈祥无胡须，戴冕旒冠，冠上的旒为帝王规制十二旒，部分民间画轴旒的数量则不那么准确，有所减省。所穿袍服上有龙纹，戴方心曲领，持笏板，有头光。

后土的帝王形象，出现在具有明显道教性质的卷轴画中，可能与此类图像的用途相关。众所周知，佛教水陆法会上常以水陆画布置坛场，水陆画的内容与水陆仪轨密切相关。而道经文献、田野考察等多种证据表明，道教仪式上也会使用图像布置道场，如黄箓斋、施食炼度、庆贺圣诞、斗

图 1-17　民乐县博物馆藏后土皇地祇轴局部

图 1-18　北京白云观藏后土皇地祇轴局部

图 1-19　长沙大观仓艺术博物馆藏四御及青龙白虎神将轴局部后土皇地祇

母科仪等等，都可能使用卷轴画、纸牌画布置在道场相应的位置。早期道教中的“斋”与“醮”并不相同，但到了唐宋时期，斋仪与醮仪常在一场法事中连续进行，二者之间的区别逐渐模糊，而“斋醮”一词逐渐成为道教科仪法事的代名词，因此我们将这些仪式上布置使用的图像统称为“斋醮画”。[1]

通过对道经的梳理，我们得知自宋代开始，斋醮画就已经介入了道场的布置。但此时斋醮画的布置体系并未成为定规，所布置的斋醮画题材也各有不同。[2] 到了明代时期道坛的布置逐渐统一，在《上清灵宝济度大成金书》中就记载了两种道坛的布置方式：当道坛所在屋宇较小时，北壁悬挂三清四御斋醮画，三清居中，四御分列于左右（图1–20）。若道坛较大，斋醮画布置则变成在北壁悬挂两排圣像（图1–21），三清一排，四御加上

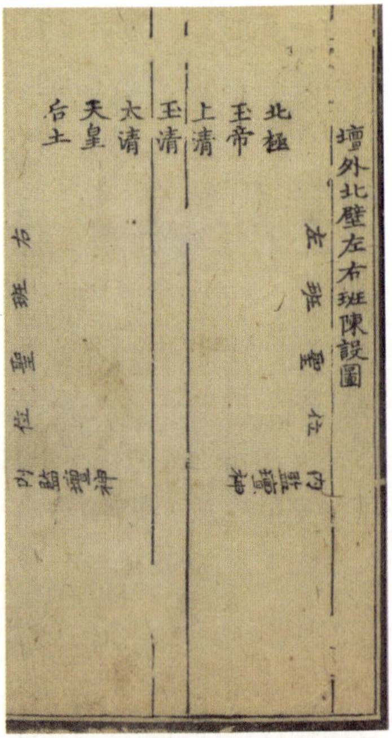

图1–20 《上清灵宝济度大成金书》卷二十五《坛外北壁左右班陈设图》

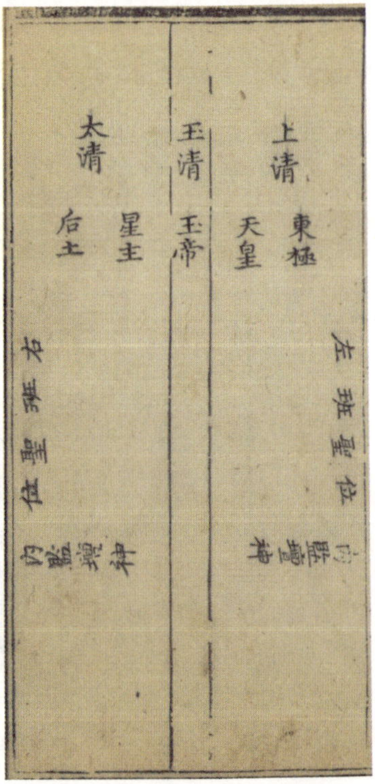

图1–21 《上清灵宝济度大成金书》卷二十五《又式》

1 近年来学界逐渐关注这些图像材料，对其的定名并未统一。或称“黄箓画”，如谢生保：《甘肃河西道教黄箓图介绍》，李凇主编：《道教美术新论》，山东美术出版社2008年版；戴晓云：《民乐藏佛教水陆画和道教黄箓图：两种超度亡灵的宗教仪式》，《中国本土宗教研究》（第二辑），社会科学文献出版社2019年版。或称“道教水陆画”，如王宜峨：《道教美术史话》，北京燕山出版社1994年版；李信军主编：《水陆神全——北京白云观藏历代道教水陆画》，西泠印社2011年版；李远国、李黎鹤：《道教水陆大醮与水陆画的历史研究》，《世界宗教研究》2022年第2期。或称“道教神像画”，如濮阳康京：《高淳县收集到一批清代道教神像画》，《中国道教》1993年第1期；濮阳康京：《高淳清代水陆道场神像画》，《中国美术研究》2013年第2期；尹翠琪：《从高淳清代神像画试析道教神谱的图像结构》，《美术大观》2022年第1期。或称“斋醮画”，如马梦莹：《明清佛教水陆画与道教斋醮画图像表现异同辨析》，《艺术与民俗》2023年第3期。

2 《道门定制》《上清灵宝大法》《无上黄箓大斋立成仪》都记载在道坛外需要设“幕”，如三官幕、五师幕、三师幕、玄师幕等，内悬挂斋醮画，前设几案供养。例如《灵宝领教济度金书》卷一《坛外北壁及左右壁陈设图》，就规定了道坛所在屋宇内部三壁的斋醮画布置与题材。

东极救苦天尊为一排："玉清为教门之尊，昊天为三界之尊，各居一列。"[1]

从以上明代道经文献中的陈设图中可以窥见，后土皇地祇作为四御之一，身份颇高，绘制有后土的斋醮画卷轴需要铺陈悬挂在道场北壁，形成三清四御的神祇序列。以民乐县博物馆所藏明代绢本斋醮卷轴画一堂为例，据明代道经所载道场陈设图试还原道场之布置（图 1–22），可以看到三清悬挂于屋宇北壁中央墙上，左右分列四御，其东为玉皇、紫微，其西为勾陈、后土。可能是出于视觉统一的考量，四御均绘制为帝王服制，仅有服色的差异，而后土为女性，面部白净无须。

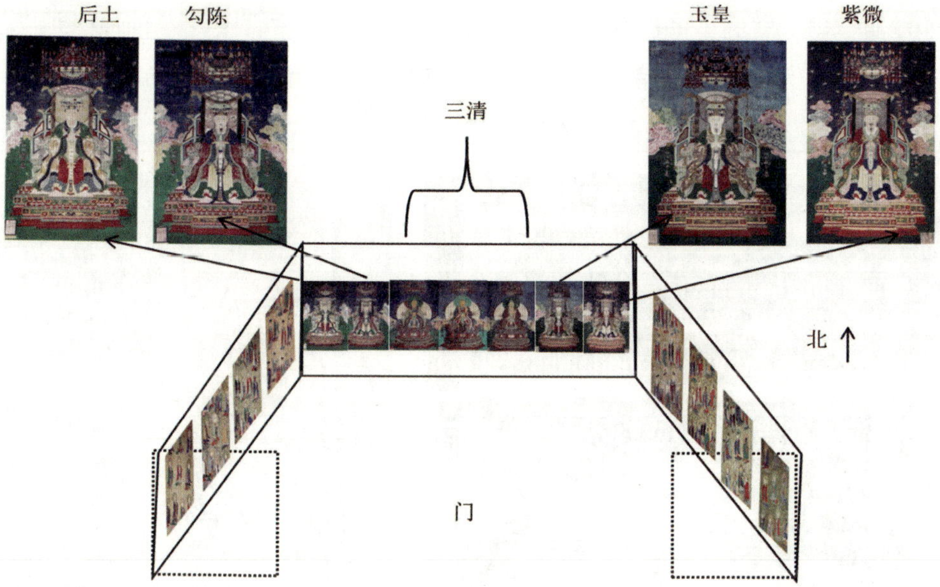

图 1–22　斋醮道场布置示意图（以民乐县博物馆藏斋醮画为例）

由上可知，在道教语境下，卷轴画这一媒材中，如有绘制冕旒冠帝王服制的女性神祇画轴，且同一堂中有服制相同的四御男神作为旁证的情况下，基本可以确定该冕旒冠女神为后土皇地祇。然而一旦脱离这一宗教语境，或是媒材并非卷轴画，冕旒冠服制就不能成为判断后土身份的依据了。这是因为"青圭蔽朱旒"这一特征是妈祖的主流形象，并非后土所独有，宋以来的妈祖雕塑遗存就多是冕冠类的形象。[2]

通过以上辨析可知服制一般无法作为判断后土身份的直接依据，那么应

1　《上清灵宝济度大成金书》卷二十五，哈佛大学图书馆藏明宣德七年刻本。
2　参见肖海明：《宋元明清肖像式妈祖图像的综合考察》，《世界宗教研究》2016 年第 5 期。

该如何确定其身份呢？笔者试举以下几点方法：

（1）利用造像题记、绘画榜题、卷轴轴题等直接证据。如重庆大足南山第 4 窟圣母龛主尊头顶有宝盖，上刻“注生后土圣母”字样；山西省石楼县后土圣母庙正殿的后土圣母龛，以匾额的形式塑“后土圣母”四字，注明后土身份（图 1–23）。壁画、卷轴画中人物往往有榜题，可资证明其身份，如山西省临汾市浮山县梁村老君洞北壁所绘人物榜题为“承天□□后土圣母”，有二字漫漶，据后土封号推测全称为“承天效法后土圣母”；山西稷山青龙寺腰殿东壁水陆画有榜题为“后土圣母众”的组像；繁峙县公主寺大雄宝殿西壁有榜题为“后土圣母众”的组像（图 1–24）；宝宁寺水陆卷轴画榜题“右第十四，九天后土圣母诸神众”（图 1–25）。有些卷轴画会标明详细的轴题，如笔者 2021 年前往甘肃省武威市博物馆考察所见，该馆藏清代纸本重彩的一

图 1–23　石楼县后土圣母彩塑匾额

图 1–24　繁峙县公主寺壁画后土圣母众榜题

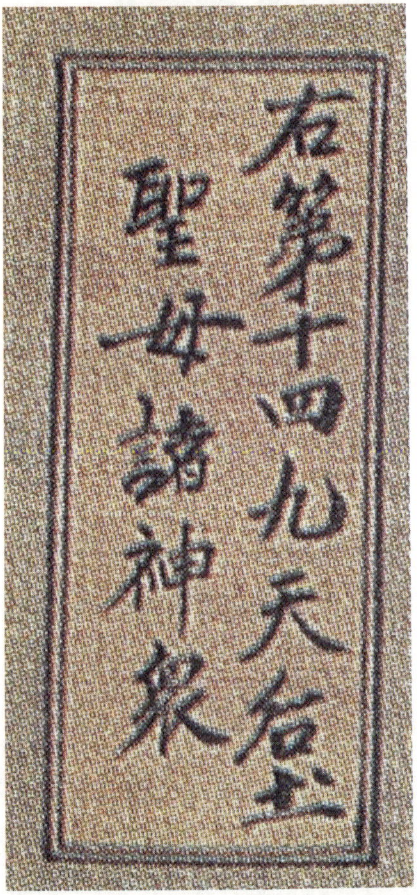

图 1–25　宝宁寺九天后土圣母诸神众轴榜题

轴绘画，轴题题签为“左 / 后土皇地祇 / 外殿后土 / 东廊南起左六”。但由于历次重装修复，现可见轴题为馆员铅笔誊抄，已非清代原貌。这堂画轴为道教斋醮画，轴题均呈现一致的格套，即：布置方位 + 神祇名 + 建筑名称与神祇简称（双行小字）+ 悬挂位置与次序。综合考察此堂绘画轴题，可知清代时道士使用这堂斋醮画布置道坛时，道坛空间主要分为内殿与外殿，此后土皇地祇轴与四御中其他尊神一起被布置在外殿。以上这些题记、榜题、轴题等文字信息都是可资证明后土身份的直接证据。

（2）考察主尊图像之间的组合与相互关系。这一方法一般用来判断道教语境下的后土身份。在道教美术中，神祇的组合一般遵守其神格的高低关系。宋代以来，道教逐渐形成了最高神三清（元始天尊、灵宝天尊、道德天尊），其下六御（玉皇上帝、勾陈上宫天皇大帝、中天紫微北极大帝、东极太乙救苦天尊、南极长生大帝、承天效法后土皇地祇）这样的神祇等级结构，又有将六御中去掉救苦天尊、长生大帝，形成四御，即玉皇大帝、勾陈大帝、紫微大帝、后土皇地祇这样的神祇谱系。后土作为六御、四御中不可或缺的组成部分，在道教图像中常与六御、四御中其他尊神一起出现，即五男一女或三男一女。比如河北张家口市蔚县玉皇阁大殿北壁所绘，就是六御，后土与其余五位男神服制相同。[1] 又如大观仓艺术博物馆藏的两轴斋醮画（图 1–26）主尊是四御，均戴冕旒冠持笏板，女性者为后土，主尊下方分别有青龙、白虎神将。

除此之外，宋代以来在四御的基础上，还生成了一种非常流行的图像结构，即四帝二后。这个结构是在四御之上再增加了一男一女，形成四男二女的组合。从现有的遗存看，宋代直至清代的道教美术中都能看到一些例子。雕塑如重庆大足南山第 5 窟三清古洞的南宋造像、四川省安岳县瑞云乡老君岩 1 号龛始建于宋的造像、山西省太原市龙山石窟第 2 窟三清洞蒙古太宗时期的造像、陕西省延安市延长县七里村石窟的明代雕刻等。壁画如山西省运城市芮城县永乐宫三清殿的元代壁画、加拿大多伦多安大略皇家博物馆藏山西平阳府元代壁画、陕西省耀县药王山南庵三清殿明代壁画、山西省临汾市浮山县梁村老君洞明代壁画等。卷轴画如四川省江津市李市镇骑龙村神霄派道士所藏的清代斋醮画等。其中都出现了四帝二后的图像结构。历代四帝二后的身份有所变化，主要的区别是四御之外的一男一女身份有演变，宋代时

1　参见胡春涛：《道教壁画艺术研究：以北方寺观为中心的考察》，广西美术出版社 2018 年版，第 131 页。

图 1–26　长沙大观仓艺术博物馆藏四御青龙白虎轴

他们是皇室的圣祖、圣祖母，这是宋真宗在大中祥符五年（1012）时为先祖加封“圣祖天尊大帝”“元天大圣后”之号后神圣化的结果。元代时他们是全真派体系下的东华帝君、金母元君。明代汾浮山老君洞壁画的榜题暗示了明代时期四帝二后身份的另一种可能，就是四御加上南极长生大帝、先天一炁圣母元君。无论如何变化，历代的四帝二后组合中都包括四御之一的后土皇地祇。

因此，在实际考察中，若能确定图像所处的场域为道教属性的，且空间中的组像符合三清四御或四帝二后等配置组合，基本可以判断其中的一位女像是后土皇地祇。而且后土的神格较高，因此在坐北朝南的空间中，后土一般处于东边的尊位，这样通过图像关系、空间位置就可以确定后土的身份。

然而脱离道教语境，这一方法可能就不再适用。后土地方宫庙中主尊与配祀的组合往往有随意性，无法通过其中的关系组合确定后土身份。比如山西省石楼县后土圣母庙内彩塑有明确匾额题名，可知正壁主尊为后土圣母，左右配祀为豆生娘娘、子孙娘娘。左右壁所尊塑像为注生娘娘、送子娘娘。这些名号众多、掌管职责各类的娘娘组合往往并无“固定搭配”，可以出现在其他女性主尊的宫庙中。比如岱顶碧霞祠中主尊为碧霞元君，左配殿为子孙娘娘，右配殿为眼光娘娘。又如北京妙峰山碧霞元君庙，正殿有五位娘娘："奉碧霞、子孙、眼光、瘢疹、送生五元君，此为五顶娘娘。"别祠有九位："天仙圣母青灵普化弘德永佑碧霞元君，眼光圣母惠照明目元君，子孙圣母育德广胤元君，瘢疹圣母保佑和慈元君，送生圣母锡庆保产元君，乳母圣母哺婴养幼元君，痘疹圣母立幼稳形元君，催生圣母顺度保幼元君，引蒙圣母通颖导幼元君。"[1] 甚至有时碧霞元君、娲皇圣母还会成为后土的配祀（山西临汾东羊后土庙），所以想要确定民间宫庙中女性主尊为后土，需要寻找其他方法。

（3）利用宫庙殿宇名称、庙宇结构与沿革、庙宇碑刻与地方史志等证据。首先，可以通过地方宫庙名称确定主尊，山西、河北、河南等地很多供奉后土的宫庙名称为"后土庙""后土圣母庙""后土皇帝庙""后土娘娘庙"等，或是宫庙虽称"圣母庙"，不好确定主尊身份，但主殿有匾额为后土圣母殿，也可以据此确定后土身份。其次，了解宫庙殿宇结构与沿革也对确定主尊身份有所帮助，比如山西汾阳县太符观正殿为昊天玉皇上帝殿，东西配殿为后土圣母殿、五岳殿，这也与四御中玉皇与后土相配的惯例一致。又如山西介休后土庙，其前为三清观，周围又有诸多道教观宇，梳理其沿革才知这样的建筑结构是由于地震，地方的后土庙神祠被纳入全真派管辖重修的结果。再次，地方宫庙中往往遗存有重修碑记等石刻史料、殿宇大梁等构件上有时留有墨书题记，都是确定主尊是否是后土的重要依据。如山西临汾曲沃赵庄后土圣母庙存有清同治十一年（1872）《重修后土圣母庙碑记》碑："前人于村之北门外创立一后土圣母庙。"又如山西万荣县东孝原村的后土庙中存有清光绪三十三年（1907）《后土庙重修碑记》碑："两孝原之东北，西张村之西南，有土岗曰峨嵋，又曰蓬瀛，其上有后土庙。"平遥古城岳北村娘娘庙又称圣母祠，庙宇名称未能体现主尊身份，据现存的清乾隆五十九年（1794）《重修乐楼碑记》可知主尊为后土圣母："本村北截有古庙，后土圣母居中，水母娘娘居左，子母娘娘居右。"类似样例较多，此不赘述。[2] 建筑构件上有

1　奉宽：《妙峰山琐记》卷四，第 88、98 页，转引自代洪亮：《世俗与神圣的互构：明清山东社会与泰山碧霞元君信仰的互动》，《泰山学院学报》2022 年第 3 期。

2　参见郭俊红：《中华后土文化·宫庙卷》，山东大学出版社 2024 年版。

时也有文字留存，如山西省曲沃县赵庄后土圣母庙的正殿脊板上有题记："大清龙□同治十一年岁次壬申，重修后土圣母、子孙娘娘，镇煞将军大殿五间，于贰月十七日破土动工，叁月十三日子时立柱上梁，愿保阖村吉祥如意者。"可知正殿主尊为后土圣母。此外，还可参见地方史志的记载。如山西平陆县的檀道庙，因檀道村得名，供奉为后土圣母。《光绪平陆县续志》有载："后土庙在县西六十里，北枕条山，南临大河，地脉雄厚，川原广衍，左属虞，右属芮。"[1] 又如临汾翼城县有后土庙，《翼城县志》载："后土圣母庙在东城颠，庙貌雄壮，内有古柏。"[2] 可据地方志窥见庙宇所供奉神祇身份。

（4）利用壁画题材内容、当地信仰传统与民众活动、田野考察口述史等旁证。壁画内容有时暗示了主尊的身份，如山西汾阳圣母庙壁画中还绘有土地城隍、河神等神祇迎送主尊，而后土与大地关系密切，是众多地界山岳水府众神之长，因此可旁证主尊身份为后土。[3] 对地区信仰与庙会等活动进行田野考察，也帮助确定一庙主尊身份。民间信仰产生诸多神祇，乡民出于信仰，自发组织祭神活动，逐渐成为一种固定的节庆，乡村以祠庙为中心，形成一个个的"祭祀圈"，农闲时的乡民聚拢到一起，往往举行结社演戏赛会等活动，俗称"庙会"，而这种庄严的活动又是欢乐的，悦神且愉人。以晋中南地区为例，万荣县后土祠历史悠久，明清时期转为民间祭祀后对周边影响也很大，整个晋中、晋南地区的后土信仰有着深厚的基础，围绕万荣周边的诸多娘娘庙、圣母庙主尊所奉祀的大多是后土圣母。根据田野考察，可通过庙会活动（晋中南后土庙会多为农历三月十八），如祭拜上香、酬神唱戏、拔花求子、商贸活动等推测祭祀的主尊为后土，对村民的采访与口述史记录中也能窥见民众所敬拜的神祇是何身份。

以上所举的几种方法，论证强度由强到弱，从直接证据到间接证据，再到推论与猜测。当然，实际考察中我们也会遇到庙宇主尊不好确定的情况，比如民间敬奉女神以祈子求安，但在历史长河中，女神的身份在香烟缭绕的敬拜中逐渐模糊，"民日拜而不自知"，针对这种情况，我们需要承认无法考实其身份的现实，不必强求为之赋予确定的身份。

---

1 刘鸿陆修，沈承恩纂：《光绪平陆县续志》卷上，清光绪六年刻本。

2 《翼城县志》，民国十八年铅印本。

3 参见武丽敏：《汾阳田村圣母庙壁画绘制年代及主神考》，李淞编：《山西寺观壁画新证》，北京大学出版社 2011 年版，第 331—373 页。

三、部分原题为后土的图像个案辨析

通过以上对后土身份判断的方法总结，我们可以再次审视一些缺少文字信息、较难确定身份的女性神祇形象，或是对某些题为后土的图像进行再思考。以下试举两个个案。

1. 南京市高淳博物馆藏斋醮画

高淳有一批用于地方道教科仪的清代纸牌斋醮画，少量卷轴斋醮画，共330余件，纸牌均长56厘米，宽33厘米，绘制在纸板之上，背后为增加其强度，一般都进行托裱。在实际举行仪式时，这些纸牌都插在装满谷物的方斗内，因此又名“斗牌”。纸牌斋醮画便于携带，由于体量小，制作时耗资较少，颇受民众欢迎，在南方多地都有遗存。根据前人田野考察的结果，南京高淳的纸牌画主要被用于两类仪式，即超度亡灵的“小场面”与祈福还愿的“大场面”[1]。多数纸牌画被刊录在《明清道教神像画》一书中，其中一幅纸牌画定名为“后土神”[2]（图1–27）。此画中女主神戴金色花冠，着绿色泥金暗纹长袍，有黑色云肩，双手持笏板，以方巾遮手，坐于圈椅上。身后有二粉衣侍女打扇，前有二红衣侍女捧物。

图1–27　高淳博物馆藏纸牌画

尹翠琪对纸牌画神祇进行了辨识列

1　相关研究有濮阳康京：《高淳县收集到一批清代道教神像画》，《中国道教》1993年第1期；濮阳康京：《高淳清代水陆道场神像画》，《中国美术研究》2013年第2期；陶思炎：《南京高淳水陆画略论》，《艺术学界》2009年第1期；高致宇：《南京高淳现存明清时期道教神像画研究》，上海大学硕士学位论文，2014年；尹翠琪：《从高淳清代神像画试析道教神谱的图像结构》，《美术大观》2022年第1期等。

2　高淳县文化局编：《明清道教神像画》，南京出版社2006年版，第8页。

表，认为此幅主像身份为碧霞元君，而耿纪朋等则认为是西王母[1]，但文中未说明身份判断的原因。笔者亦认为此幅并非后土，原因有二：一是此幅并未有与之相关的其他图像。根据田野考察，可知道坛搭高台7层，每层布置图像（图1–28）。后土作为四御之一，置于上起第二层，且为卷轴画。而此幅为纸牌画，未见与之配套的其他四御纸牌画，因此身份可能并非后土。二是从图像特征上看，此幅主像虽为正面像，但无头光，坐具为圈椅，等级略低。同批还有天、地、水三官三幅纸牌画，虽然坐具也是圈椅，但主尊有圆形头光。从教理上看，后土作为四御之一，神格是高于三官的，因此从图像层级上看此幅并非后土。具体身份为何，还需后续考证。

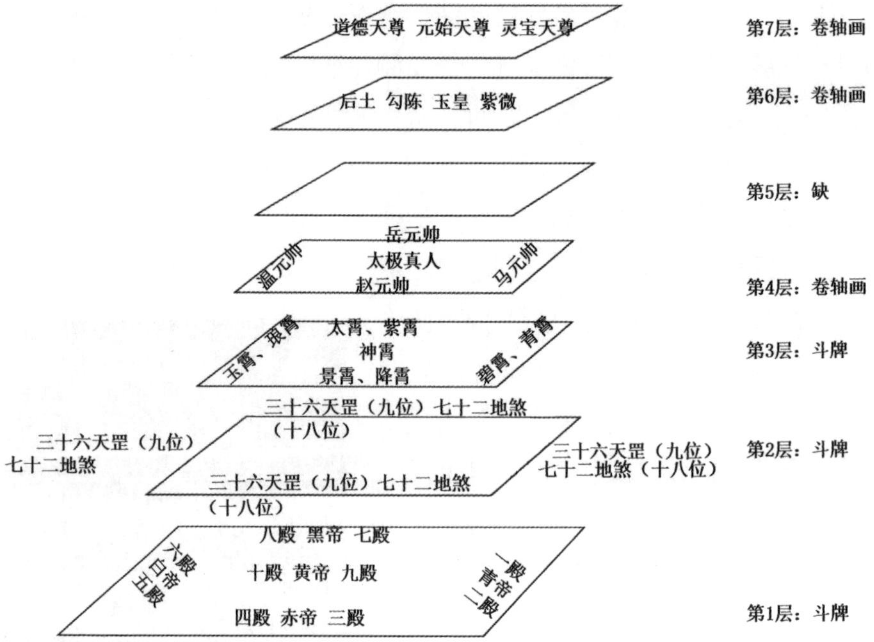

图1–28　江苏省南京市高淳区清代道坛布置示意图

2. 清代绣像本《三教源流搜神大全》

清代配有绣像的《三教源流搜神大全》图书有多种版本，其中基本都有后土皇地祇图文，并且图像结构与内容在多种版本中都比较一致。其版本时代跨度从清初到清末，大多是民间坊刻，而清末叶德辉郎园刻本为众多版本

1　参见尹翠琪：《从高淳清代神像画试析道教神谱的图像结构》，《美术大观》2022年第1期；耿纪朋、郑小红：《南京高淳清代道教神仙画图像新解兼论其形成的原因》，《周口师范学院学报》2023年第4期。

中最为精审者。叶氏刻本《绘图三教源流搜神大全》共七卷，为叶德辉以藏书家缪荃孙所藏明代《三教源流搜神大全》七卷本覆刻而成，清宣统元年（1909）告竣。书中收录儒释道三教神祇 132 位，神祇各有图像，图后有文字叙述神仙源流。卷一有“后土皇地祇”条，附有图像（图 1–29）。画面中为两男性，画面右边男子站于树下，戴通天冠，着官服，外衣领为方心曲领，一手前指，可能是条目所指的“后土皇地祇”；左边男子衣着朴素，仅梳发髻，裤腿挽起，一手撑农具，站在水田中，似与右边男子交谈。

然而画面中的图像可能并非后土皇地祇，原因有二：一是梳理后土图像源流，可知后土为女性，并非男性。从相关版画沿革角度看，元明以来同类型的搜神类小说中后土的插图均与此不同，如元代刻本《新编连相搜神广记》中，后土皇地祇呈现后妃样貌（图 1–30），明万历刻本《新刻出像增补搜神记》中的后土皇地祇也是坐于辇车上的女神（图 1–31）。二是从文献生成角度看，此清代《绘图三教源流搜神大全》覆刻本的底本为明刻本，有晚明坊刻俗书的特征，并且应该因袭了明代坊刻《有像列仙全传》《新刻出像增补搜神记》等书。而书坊刻书多为牟利而不精审，此书在编纂时就有一些错乱。贾二强教授认为此书因袭了元明时期的神谱类书籍，并且部分内容“排列亦无条理，显见是由杂抄成篇所致”[1]。且《中国道教版画全集》卷 96《叙录》中亦说：“对比元刻《搜神广记》和清刻《搜神大全》版画，两者相同之处甚少，只

图 1–29 清宣统元年（1909）刻本《绘图三教源流搜神大全》后土皇地祇插图

图 1–30 元刻本《新编连相搜神广记》后土皇地祇插图

图 1–31 明万历二十一年（1593）刻本《新刻出像增补搜神记》后土皇地祇插图

1 贾二强：《叶覆明刻〈三教源流搜神大全〉探源》，黄永年主编：《古代文献研究集林》，陕西师范大学出版社 1992 年版，第 234 页。

是结构方面清本对元本有所借鉴。”[1] 因此神祇图像可能在编纂过程中有张冠李戴的情况。

笔者推测图 1–29《绘图三教源流搜神大全》插图中所绘主神可能是后稷。从神祇身份上看，后稷被后世称为“农神”，出自古代神话，与土地农耕相关，与后土有天然的联系。[2] 因此有可能在图书编纂过程中将后稷图像编排为后土的插图。

从图像方面看，后稷形象、后稷相关图像的构图都与《绘图三教源流搜神大全》中插图有相似之处。后稷相关形象可见于元代王祯所编《农书》“农事起本”条，上图下文，上有农事相关者图像，下述其事迹，其中就有后稷的图像。现所见日本内阁文库藏《农书》明嘉靖九年（1530）刻本中的后稷（图 1–32），戴通天冠，着长袍方心曲领，一手前指，与《绘图三教源流搜神大全》题为后土皇地祇的男子类似。

后稷相关图像也有与农夫交谈的构图，山西新绛县有著名的稷益庙，其正殿西壁绘有朝圣图，外围则有劳动生活场景，有一局部即是后稷着红袍，一手前指，与一农人交谈的场景（图 1–33），农夫的打扮、所处的环境、后稷的服饰与动作等构图与细节都和《绘图三教源流搜神大全》插图版画非常类似。

四、小结

后土文化复杂多样、包罗万象。各个时期不同层面的后土文化产生了与之相关的不同视觉材料。在国家祭祀的礼制中，祭拜后土的行为衍生出“方泽”“方丘”“地坛”等建筑群视觉材料；在佛、道、民间信仰的崇拜中，后土以女神的形象出现在世人面前，庇护着她的信众；在丧葬礼仪中，祭墓拜后土的习俗在中原、闽、粤、台乃至东南亚、东亚的墓地中生成了诸多后土碑刻。

人格化的女神后土在唐代时就已出现，可能最早源于民间信仰对其的塑

1 翁连溪、李洪波编：《中国道教版画全集》第九十六卷，中国书店 2019 年版，第 2 页。

2 后土与后稷关系的考察参见丁山：《后土后稷神农蓐收考》，《古代神话与民族》，商务印书馆 2005 年版。詹鄞鑫：《神灵与祭祀：中国传统宗教综论》，江苏古籍出版社 1992 年版，第 62—64 页；萧登福：《后土地母信仰研究》，（台北）新文丰出版公司 2015 年版；尹虎彬：《浅谈后土与后土崇拜》，《青海社会科学》2012 年第 2 期。

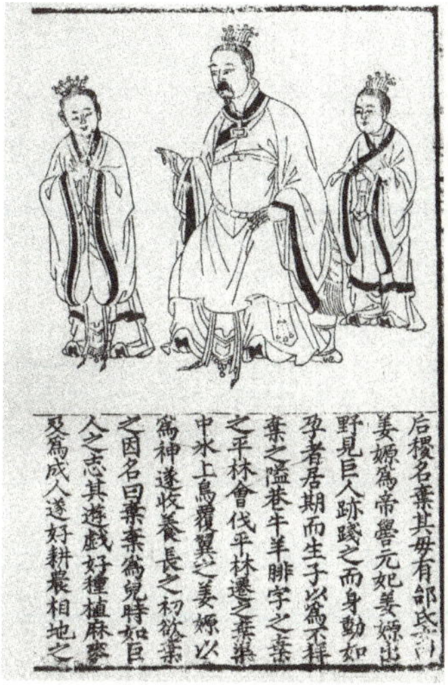

图 1-32　明嘉靖九年（1530）刻本《农书》后稷插图

图 1-33　山西省运城市新绛县阳王镇稷益庙正殿西壁局部后稷壁画

造，后土女性形象的确立或许与《后土夫人变》等文学作品相关，也与其掌管大地、属坤属阴的特性有关。到了宋代，后土位列四御之一，与玉皇大帝相配，因此其女性的身份逐渐固定下来，延续至今。后土女神形象见诸各种艺术媒材，最早出现在宋代时期的石窟造像中，此后元代的永乐宫三清殿壁画、青龙寺腰殿壁画中都可见其身影，而元代文学刻本的插图版画中也有后土的形象。此外，由于仪式的需要，还产生了绘有后土形象的卷轴画。不同时代雕塑、壁画、卷轴画、版画中的后土形象端丽庄严，高贵隽永。

准确判断后土身份是收集、梳理后土图像材料的前提。我们通过对比分析，总结出后土人格化的女神形象往往有两种类型样貌：多数所见后土为后妃服制，这一形象背后隐含着政治的影响，可能是帝王赐服的制度促成了其形象的形成统一；少数所见后土为戴冕旒冠、着帝王袍服形象，多见于道教斋醮卷轴画这一媒材，而这与图像在道教斋醮科仪中的布置使用密切相关。由于中国古代形成了诸多女性神祇，除了后土还有如碧霞元君、天妃圣母等女神，她们的形象往往有一定相似性，再加上民间信仰往往有随意性，因此仅通过服制，无法完全确定后土的身份。我们发现判断一则图像是否为后土，还可以依据造像题记、绘画榜题、卷轴轴题等文字材料等直接证据，依据造像群、图像群之间的组合与相互关系，依据宫庙殿宇名称、庙宇结构与沿革、庙宇碑刻与地方史志等记载，结合当地信仰传统与民众活动、田野考察口述史等旁证，来确定其身份。

如今后土图像艺术的研究方兴未艾，许多研究方向大有可为，例如后土图像的继续收集。本书试图全面收集材料，但仍有许多未尽之处，比如各大博物馆所藏的后土图像材料还有待继续收集，许多地方后土宫庙限于条件尚未田野考察、收集图像，这些工作都有待日后继续进行下去。又如个案的分析。除上述两个后土身份辨析的例子外，仍有不少个案的身份需要厘清。比如南京博物院收藏标为“清末铜人像”的造像一尊，该女神戴凤冠、持笏板，衣袍华丽，坐于凳上，想要确定其身份是否为后土，还需要观察造像上是否有铭文及配合馆藏的其他造像来进行推断。还有北京白云观藏的一幅画轴，题为“天仙圣母”，但结合其冕旒冠与构图，推测有可能是后土，尚待进一步考察。

另外还有一些相关问题有待深入研究。比如民间信仰的后土宫庙中后土形象究竟有着哪些渊源？地方的后土图像，如晋南后土像呈现出一定地域特征，是否有着某种粉本系统？从《后土夫人变》等文学作品，到民间流传的《后土宝卷》《后土皇帝宝卷》等宝卷文本中，我们能否看到图像与文学之间的互动？南方特别是闽台地区后土与地母往往混用，二者是何关系？台湾的“地母至尊”信仰与后土信仰的关系如何？种种问题都有待未来进一步展开。

经过上述梳理，我们能够发现后土图像材料多样、层次丰富、意涵深厚。我们期待着学术界共同努力，通过材料的进一步收集、整理、研究，通过多学科、多视角、多方法的进一步结合，不断推进后土图像艺术、后土文化等相关研究的蓬勃发展。

（马梦莹）

雕　塑

雕塑是一种常见的造型艺术，中国古代的佛教、道教、民间信仰都常常以雕塑协助构建神圣空间，渲染宗教氛围，因而产生了大量的石窟造像、摩崖造像、宫庙造像等，其中便有后土的身影。后土雕塑的材质多样，石窟中常见的是石质造像及浮雕，宫庙中则多供奉泥胎彩塑，亦有木雕、铜铸、夹纻等工艺的造像。

后土作为道教四御之一，在道教石窟中常是“四御”或“四帝二后”的构成部分，如重庆大足南山第 5 窟三清古洞、山西省太原市龙山石窟第 2 窟三清洞中的后土造像就是其中具有代表性的宋元佳作；道教宫观的一些配殿中也有后土造像，如山西汾阳太符观中的后土圣母殿就有明万历时期的后土彩塑，北京白云观四御殿中有清代后土彩塑。现如今一些博物馆所收藏的单体后土造像，可能最初也是某一道教宫观中供奉的。

佛教吸收三教神系进入水陆法会的仪轨，其中就包含了道教的后土，在山西省平顺县金灯寺石窟我们发现了独特的水陆浮雕，其中就有后土圣母的浮雕组像。

民间后土信仰中各地的后土庙、圣母庙、娘娘庙中供奉的后土像则更多，其中比较精美的如本书所展示的山西省石楼县后土圣母庙的明代彩塑、山西省临汾市东羊后土庙的明代彩塑等。然而通过田野考察，我们发现大多数后土庙在 20 世纪六七十年代都受到了一定程度的损毁，民众出于对后土娘娘的敬仰，多是在 21 世纪初重修了后土庙，重塑后土像，这些较为晚近的后土像本书选例以列表形式附于后。

1. 重庆大足南山第 5 窟三清古洞后土图像

（南宋绍兴年间　石雕　高 66 厘米）

大足石刻星罗棋布于重庆市大足区内，是规模庞大的石窟群。南山位于城南约 2 公里处，造像 400 余尊，其中规模最大就是第 5 窟三清古洞。三清古洞内有题记“舍地开山造功德何正言同杨氏”“开山化首凿洞张全同赵氏”，虽未有纪年，但该功德主在大足北山多宝塔第 8、9 龛留下了纪年为绍兴十八年（1148）的题记，在大足北山观音坡有绍兴二十四年（1154）的题记，可推知此处三清古洞建造时间应亦在南宋绍兴年间。

三清古洞面宽 508 厘米，进深 558 厘米，顶高 391 厘米，主要造像位于窟内中心柱上。中心柱高 340 厘米，正面开龛，龛内造像分上下两层。上层正壁三尊为三清像；上层左右壁着冕旒冠、持圭的男性主神坐像为玉皇、紫微；下层左右壁靠内的男性主神为勾陈、宋太祖，亦戴冕旒冠，持圭；下层左右壁靠外的女神为后土、圣祖母。三清古洞中心柱龛的主神系统构成了以三清为尊，辅以四帝二后的配置。

左壁下层靠外的女神即后土皇地祇，后土梳高发髻，戴凤冠（凤头已毁），着长袍披帛，双手持笏板，端坐于龙头宝椅之上，足踩四方脚踏。

图 2-1　重庆大足南山第 5 窟三清古洞全貌

图 2-2　中心柱正面龛

图 2-3　中心柱龛左壁下层勾陈、后土皇地祇

图 2-4　中心柱龛右壁下层宋圣祖、圣祖母

图 2-5　中心柱正面龛线描图

图 2-6　勾陈、后土皇地祇线描图

2. 重庆大足南山第 4 窟圣母龛后土图像

（南宋绍兴年间　石雕　主像高 109 厘米　左、右侧像高 105 厘米）

重庆大足南山第 4 窟为圣母龛，面宽 275 厘米，进深 163 厘米，顶高 315 厘米。有功德主何正言及子何浩题记，可知此窟与南山第 5 窟开凿时间应该比较相近，亦为南宋绍兴年间。

正壁端坐三位女性神祇像，正中像略大，应为主像。其上方有宝盖，宝盖正面匾额刻“注生后土圣母”文字标明身份。圣母戴凤冠，着圆领袍服，笼袖胸前，可能原持笏板，现无。所坐宝椅的背屏上层略窄，有二凤头装饰，下层背屏较宽，亦有二凤头装饰。主像左右侧端坐女像稍小，服饰与主像类似，凤头宝椅背屏仅一层。

主像“注生后土圣母”虽有“后土”二字，但可能是这一时期道教中护佑产妇、保佑得子的神祇。此窟左右壁还有两像有榜题，为“九天监生大神”“九天送生夫人”。类似的神祇名，也见于《道门科范大全集》。此道经五代杜光庭编修，其中卷二五至卷四五、卷六三至卷六八为仲励撰修。卿希泰先生考证仲励“所修《真武灵应大醮仪·说戒》，历叙真武显灵事，所记年代，从唐武德三年（620）迄南宋建炎（1127—1130）间，似为南宋初人”[1]，可知仲励为南宋时人。其撰修的卷二五“祈嗣拜章大醮仪”是求子的仪式，所奉请的神祇就有“九天注生监生真君”“九天卫房圣母元君”[2]。传至后世，明清以来民间信仰中的后土逐渐增加了求子的功能，这可能也与天为阳，地为阴，后土为女性，掌阴阳、育坤元有关。

1　卿希泰：《中国道教》第二卷，知识出版社 1994 年版，第 150 页。

2　《道门科范大全集》卷二十五，《道藏》第 31 册，北京文物出版社、上海书店、天津古籍出版社 1988 年版，第 814 页下栏。

图 2–7　重庆大足南山第 4 窟圣母龛全貌

图 2-8　正壁中央主像注生后土圣母

图 2-9　主像局部

图 2-10　圣母龛线描图

3. 安岳瑞云乡老君岩 1 号龛后土图像

（宋代开凿雕刻、清代重妆、20世纪60年代再次重修　石雕　高150厘米）

老君岩摩崖造像位于四川省安岳县瑞云乡西北 750 米，坐西北朝东南，共开 7 龛，有 30 尊造像。1 号龛面宽 400 厘米，进深 100 厘米，顶高 500 厘米。[1]

龛内正壁中央主尊三位，现为佛、孔子、老君三教像，经李凇教授考证，此三尊原为三清像。[2] 中央三像的左右各有两男一女坐像，共六尊。根据三尊之右龛“比丘惠监、觉明妆圣祖”“元天大圣后”的题记，结合宋代史实，可知题记所指就是宋真宗大中祥符时为宋代圣祖、圣祖母所上尊号“圣祖天尊大帝”“元天大圣后”。因此，这六尊坐像为四帝二后，身份分别为玉皇、紫微、勾陈、后土、宋代圣祖、圣祖母。

根据榜题及神格高低可知，中央三尊像之左的三位坐像依次是玉皇、勾陈、后土。但后土皇地祇形象经过历年重妆，特别是 20 世纪 60 年代当地村民重接头像，又涂以油漆彩饰[3]，成为一位白面丰腴而慈祥的妇人，与宋代时样貌相去甚远。

1　参见《中国文物地图集·四川分册》（上），文物出版社 2009 年版，第 509 页。

2　参见李凇：《对宋代道教图像志的观察——以大足和安岳三处造像新材料为重点》，《神圣图像》，人民出版社 2016 年版，第 326−337 页。

3　胡文和：《中国道教石刻艺术史》（下），高等教育出版社 2004 年版，第 72 页。

图 2-11　四川省安岳县瑞云乡老君岩 1 号龛正壁三尊像之左龛　玉皇、勾陈、后土皇地祇

图 2-12　正壁三尊像之右龛　紫微、圣祖、元天大圣后

4. 龙山石窟第2窟三清洞后土图像

（蒙古太宗时期 石雕 高155厘米）

山西省太原市西南约20公里处的龙山石窟，古称“昊天观”，是中国北方现存最早的道教石刻。现存共9窟，主要造像窟是在蒙古太宗窝阔台时期，由全真派披云真人宋德方及弟子主持开凿的。第2窟三清洞坐北朝南，面宽356厘米，进深350厘米，顶高266厘米。南壁窟门东、西有题记两则，其中有明确纪年“岁在丙申五月丙辰朔”“丙申岁七月初九日”，又有题名“门人李志全述”“门人舜泽秦志安述”，据此可知第2窟由宋德方及弟子李志全、秦志安负责开凿，于丙申年（1236）完成。北壁设台座，上有三清像，三尊像中元始天尊、灵宝天尊已残。东西壁均为三主尊坐像、三侍者立像。东西壁六位主尊的身份，早期日本学者认为是“三真人、三侍女”[1]，张明远认为是六御[2]，李凇教授发现六主尊中有女像，即四帝二后[3]。并且龙山石窟参与修建者李志全的自撰碑文中也提到四帝二后：“凡修建宫观者，必先构三清巨殿，然后及于四帝二后，其次三界诸真，各以尊卑而侍卫，方能朝礼而圆全。”[4]景安宁进一步认为此处四帝二后为四御加上东华帝君、金母。[5]

东壁主尊依次为玉皇、紫微、后土，三位侍从立姿，最靠北的玉皇像头部已失。主尊、侍者背后均有圆形头光。最靠外的后土皇地祇坐于有脚踏的椅上，面部丰润无须，略带笑意且端庄，为女性，戴平顶冠，着交领内衬，外穿长袍，笼袖胸前。

---

1 （日）常盘大定、关野贞：《支那文化史迹》（第一辑），法藏馆1937年版，第112页。

2 参见张明远：《太原龙山道教石窟艺术研究》，山西科学技术出版社2002年版，第175页。

3 参见李凇：《神圣图像》，人民出版社2016年版，第411页。

4 《天坛十方大紫微宫懿旨及结瓦殿记》，陈垣：《道家金石略》，文物出版社1988年版，第481页。

5 参见景安宁：《元代壁画——神仙赴会图》，北京大学出版社2016年版，第131页。

图 2-13　山西省太原市龙山石窟第 2 窟三清洞正壁　三清像

图 2-14　东壁　玉皇（残）、紫微、后土皇地祇像

图 2-15　东壁土像正面视角线描图

5. 延长七里村石窟后土图像

（明代　石刻　三清中间二像高 67 厘米　三清左右各二像高 50 厘米）

七里村石窟位于陕西省延安市延长县城西北七里村南，是延河河岸崖面上开凿的明代摩崖石窟，坐西朝东，仅有一个单窟，面宽 307 厘米，进深 433 厘米，顶高 200 厘米。[1]

该窟以东壁为正壁，壁开两层台，上层中央的三尊坐像为三清，三清之间有 6 尊立像，应为四帝二后。三清之间与三清之左共有四尊男像，戴通天冠，着交领袍服，持笏板。三清之右为两位女像，亦持笏板。

后土皇地祇应为三清像之左二女像之一，其面部方圆，梳高发髻，长袍曳地，手持笏板。

1　参见李圣庭：《延长县七里村道教摩崖石》，《文博》1991 年第 6 期。

图 2-16　陕西省延安市延长县七里村石窟正壁

图 2-17　正壁线描图

6. 金灯寺石窟第 5 窟后土图像

【明弘治十三年（1500） 石刻】

山西平顺县杏城镇金灯寺石窟共 14 窟 8 龛，其中第 5 窟为水陆窟，于明代弘治十年（1497）开凿，弘治十三年（1500）完工，窟坐北朝南，平面方形，宽 1056 厘米，进深 88 厘米。窟正中有基坛，北壁正中有三佛，两侧各有水陆浮雕，东西壁亦有水陆浮雕，均为上下两层。

东壁上层有后土圣母等众浮雕。画面中下方正中有三位戴凤冠、持笏板的女神，均以方帕遮手，长袍曳地，披帛佩玉。其后有侍女打扇。从图像特征上看，这可能是明代以来水陆画中比较流行的后土圣母与其他圣母的组合，如河北张家口市蔚县故城寺明代壁画上就有先天圣母与后土圣母的人物组合。[1]

图 2-18 山西省平顺县金灯寺石窟第 5 窟外景

1 谷东方认为该浮雕为诃利帝母与鬼子母或与罗刹女，而东上第 11 铺为后土圣母（谷东方：《山西平顺金灯寺第 5 窟明代水陆浮雕辨识》，《石窟寺研究》第十辑，科学出版社 2020 年版，第 200 页），但从图像上看此局部更符合后土圣母图像特征。且第 11 铺女性赤足踩在莲花上，周围有四位戴通天冠男性，与明代后土圣母图像结构不符。

图 2-19　东壁局部（后土浮雕组像位于上层右一）

图 2-20　后土圣母浮雕与线描图

7. 汾阳太符观后土图像

（明万历时期　泥塑　后土圣母像高 220 厘米）

太符观是山西省汾阳市杏花村镇上庙村西北部的一座道观。该观始建年代不详，据《太符观创建醮坛记》载，其早于金承安五年（1200）即已存在。明万历时期、清康乾、道光年间都对该观进行过重修。现存正殿（昊天玉皇上帝殿）、东配殿（后土圣母殿）、西配殿（五岳殿）等建筑。后土圣母殿有后土彩塑，昊天玉皇上帝殿正壁有后土壁画。

东配殿后土圣母殿于明万历年间重修完成，殿内砌台，上置彩塑。正壁前设有圣母像 5 尊，侍女像 12 尊；左右壁各设圣母像 2 尊，侍女像 5 尊。圣母均为坐像，侍女为立姿。左右壁山墙上半部还有悬塑，题材为圣母出行与回銮，有圣母辇车与圣轿、前后侍从仪仗、众神相迎等场面。

后土圣母殿中明间台座上的为后土圣母，戴华丽凤冠，原头饰已残，此凤冠为后来修复。后土圣母穿广袖长袍，披帛长带，衣饰繁复，线条流动。双手持笏板，以方帕遮手，坐于高座宝椅上，足踩脚踏。身边左右有侍女着女官袍服站立。其余八位圣母确切身份已失，现定名为文管所后加，为子孙、保产等圣母，掌管各类职司。后土圣母背后正壁上还绘有壁画，被五尊塑像分隔为四幅，为圣母宴乐生活的场景。其中两幅绘伎乐场景，各有五位女性乐师奏乐，演奏琵琶、笙、响板、云锣、笛子等乐器。另外两幅绘侍女持物侍奉场景，女仙们捧宝盒、典籍等物，侍立左右。壁画线条流动，色彩丰富协调，人物构图错落有致，女仙们神态端庄，姿态优美，栩栩如生。

太符观正殿为昊天玉皇上帝殿，内设玉皇塑像，北壁、东壁、西壁绘有《朝元图》壁画，多数都有榜题标明神祇身份。北壁人物分为三行，北壁上层最东端壁画人物即是后土，榜题为“皇天后土圣母”，呈现后妃样貌，戴三凤钗，坐于御座之上，有圆形头光，手持笏板。

图 2-21　山西省汾阳县太符观后土圣母殿后土圣母复原前彩塑

图 2-22　后土圣母复原后彩塑

图 2-23　后土圣母复原后彩塑线描图

图 2-24　后土圣母殿正壁壁画局部

图 2-25　昊天玉皇上帝殿（正殿）北壁壁画局部皇天后土圣母

图 2-26　皇天后土圣母线描图

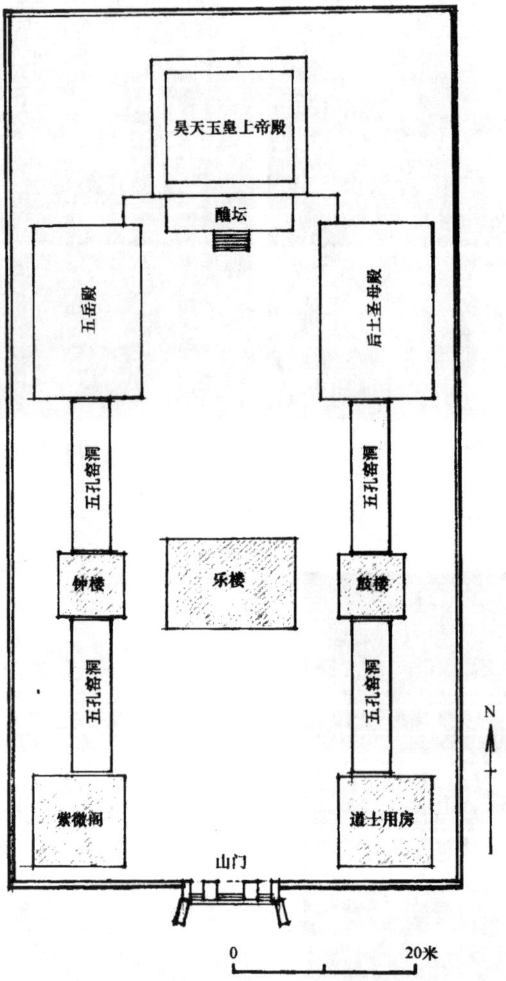
昊天玉皇上帝殿
醮坛
五岳殿
后土圣母殿
五孔窑洞
五孔窑洞
钟楼
乐楼
鼓楼
五孔窑洞
五孔窑洞
N
紫微阁
道士用房
山门
0
20米

图 2-27　太符观平面图

8. 介休后土庙后土图像

（明后期　泥塑）

后土庙道教古建筑群位于介休市西北角庙底街，由三清殿、后土庙、吕祖阁、关帝庙等建筑群组成。根据重修碑记可知，后土庙是该地最早的建筑，元代时由于发生了地震，后土庙需要重修，一些道士就于此时在后土庙前建三清观，将之纳入道教全真派管辖。明代时周边又围绕建起真武、三官、吕祖等建筑，形成了以道教为核心的建筑群体系。[1]

明清时期后土庙大殿经过了数次重修，尤以明正德十五年至十六年（1520—1521）的重修规模最大，现今所见的后土塑像可能就作于此时，且尚存纪年为大明万历年间的《金妆塑像碑记》，可推知在正德时期造像之后的50年，又对后土塑像进行了金妆修缮。

后土面容娟秀，梳高髻，戴凤冠，着长袍，衣袍金妆上彩，衣纹繁密。持笏板于胸前，以方巾遮手，端坐在有华丽龙头装饰的宝椅上，身侧有梳双丫髻的侍女，均为持物状侍立。

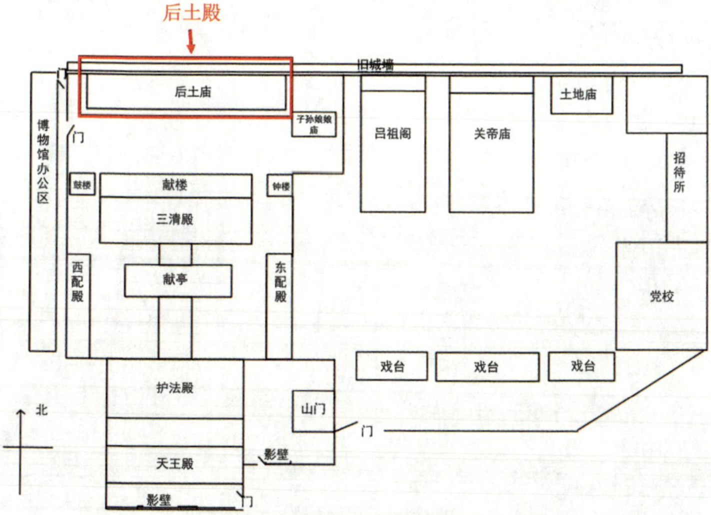

图2-28　介休市后土庙道教古建筑群平面图

1　参见陈文龙：《论山西介休后土庙道教建筑群之管理》，《世界宗教文化》2010年第4期。

图 2–29　山西省介休市后土庙道教古建筑群后土殿后土像

图 2-30　后土殿后土及侍女像

图 2-31　后土殿后土及侍女像线描图

9. 石楼后土圣母庙后土图像

（明代　泥塑主像高120厘米）

后土圣母庙位于山西省吕梁市石楼县城西40公里的前山乡张家河村西南殿山山梁上，又名“殿山后土圣母庙”。圣母庙内建筑由南向北依次为山门、戏台、正殿及东西配殿。其始建年代不详，正殿前石灯台上有“元至正七年”（1347）题记，推测其在元代时期可能有过重修。

正殿为窑洞式无梁建筑，正壁设三龛，供奉圣母像三尊，正中为后土圣母、左右分别为豆生娘娘、子孙娘娘。左右壁另各有圣母坐像一尊，分别为注生娘娘、送子娘娘。

正壁中央龛圣母像头顶有一匾额，上书“后土圣母”表明其身份。后土发髻上戴有华丽金冠饰，面部丰腴，穿交领长衫，以巾遮右手，持笏板，左手交叠右手外，坐于宝台上。左右各有女官捧物立侍。塑像周围龛上及正壁还有大量悬塑，亭台楼阁、盘龙走兽、花卉童子等纷繁复杂、活灵活现。

图 2-32　山西省石楼县后土圣母庙　正殿后土圣母像龛

图 2-33　后土圣母像局部

图 2-34　正殿东次间豆生娘娘像龛

图 2-35　正殿西次间子孙娘娘像龛

图 2-36　豆生娘娘像

图 2-37　子孙娘娘像

10. 临汾东羊后土庙后土图像

（明后期　泥塑）

东羊后土庙位于山西省临汾市西北约 15 公里处尧都区土门镇东羊村中。其始建于元至元二十年（1282），大德七年（1303）毁于地震，元至正五年（1345）重修。庙内建筑由南向北现存山门、戏台、钟鼓楼、正殿、配殿等。

正殿又称后土圣母殿，为明代建筑，明天启二年（1622）重修，殿内泥塑亦为明代作品。正殿内建有一面墙，在墙上搭架开有三龛，上置塑像，供奉后土圣母、碧霞元君、娲皇圣母。周围悬塑精彩丰富，大小塑像共计 161 尊，悬塑共计 230 平方米。[1]

正面三龛正中龛内为后土圣母像，后土梳高髻，上戴凤鸟装饰，着披帛长袍，衣带描金，双手交叠于胸前，手戴戒指，面部丰腴慈祥。坐于多层台座上，背后盘龙屏风华丽，两侧各有一盛装侍女侍立。

1　参见《全国大奖！一座有精绝“八卦戏台”的山西“国保”古建是如何被一步步修复的？》，《山西晚报》2021 年 4 月 26 日，https://mp.weixin.qq.com/s/khnAbo25GVG9Vd6KbISPJw.

图 2-38　山西省临汾市东羊后土庙正殿三龛全貌

图 2-39　正殿三龛线描图

图 2-40　后土圣母龛

图 2-41　碧霞元君龛

图 2-42 娲皇圣母龛

11. 宿州市博物馆藏后土像

（明代 铜铸 长 21.8 厘米 宽 13 厘米 高 36 厘米 宿州市博物馆藏）

后土皇地祇面部丰腴，双目下视，口部涂朱，梳高发髻，戴华丽凤冠，着长袍，垂佩玉带饰，双手交握持笏板，坐于六龙头宝椅上，脚下有足踏。

图 2-43 后土皇地祇

12. 北京白云观后土图像

（清代　泥塑　高 150 厘米）

北京白云观位于北京市西便门外，是道教全真派第一丛林，又被誉为“龙门祖庭”。

白云观四御殿现位于中轴线上三清阁的一楼（见平面图），二层楼上为奉祀三清神像的三清殿，楼下为四御殿。三清阁始建于明宣德三年（1428），明正统九年（1444）的重修记所记该阁为“三清大殿”“玉皇宝阁”，可知其供奉的是三清、玉皇。清康熙五十四年（1715）重修记所记该建筑仍为“玉皇殿”“三清阁”，一直到清乾隆五十三年（1788），才将“玉皇殿”改为“四御殿”，改为供奉四御。目前所见白云观中轴线靠南位置另设有玉皇殿，供奉玉皇大帝，四御殿北壁四个神龛自西往东依次供奉：后土皇地祇、紫微大帝、勾陈大帝、南极长生大帝。

后土皇地祇着广袖长袍，垂绅佩玉，双手持笏板，端坐在高背屏龙头宝椅上，足踩方形脚踏。身侧有木雕侍者像，侧立于旁。

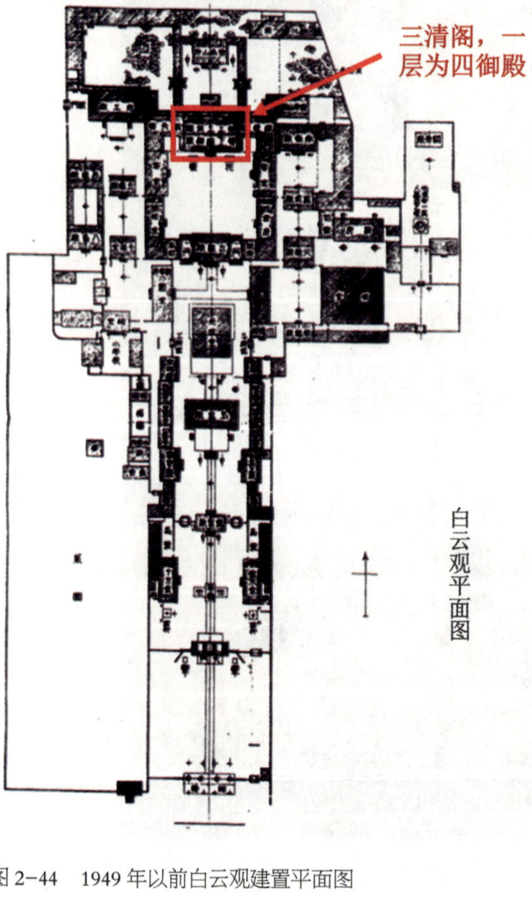

图 2-44　1949 年以前白云观建置平面图

图 2-45　北京白云观四御殿北壁全景

图 2-46　后土皇地祇龛

图 2-47　后土皇地祇像

13. 万荣后土祠后土图像

（清晚期　泥塑）

万荣后土祠位于山西省运城市万荣县荣河镇庙前村，据《史记》《汉书》《资治通鉴》等史料记载，其始建于汉武帝时期，汉元鼎四年（前 113），武帝在汾阴脽上创立后土祠。此后直到明代，后土祠都是国家祭祀的重要场所，唐玄宗、宋真宗更是亲临汾阴祭祀，并几度修葺扩建后土祠。金元时期，皇帝虽不再至脽上亲祀，但仍派遣官员祭祀。明代北京建立天坛后，后土祠不再是官方祭祀的场所，逐渐转为民间信仰的后土圣母神祠。

现存万荣后土祠为晚清时期修建。自明万历末年开始，汾阴屡遭黄河泛滥侵害，清初后土祠几次被冲毁，直到同治九年（1870），荣河知县将后土祠移建高崖，历经十余年，终形成了现今所见的后土祠建筑群。现存建筑自南向北依次有山门、戏台、献殿、香亭、正殿（坤柔圣母殿）、东西配殿、秋风楼等。

后土祠正殿，又称坤柔圣母殿，供奉有后土圣母像、送子娘娘、送药娘娘等像。后土圣母头戴华丽凤冠，着长袍，双手交叠胸前，持一圆形坤卦符号，坐于有双凤头的高背屏宝椅上，二侍立于左右。

正殿前有献殿，其西壁残留有壁画，绘后土宫殿场景。正中绘一宫门及甬道，甬道左右有二人侍立。另有多幅局部绘有殿宇立柱，灯笼上有“娘娘庙”“后土圣母”等字样。此外还留有画工墨书题记，为“本邑画士柴学海、李守居”。

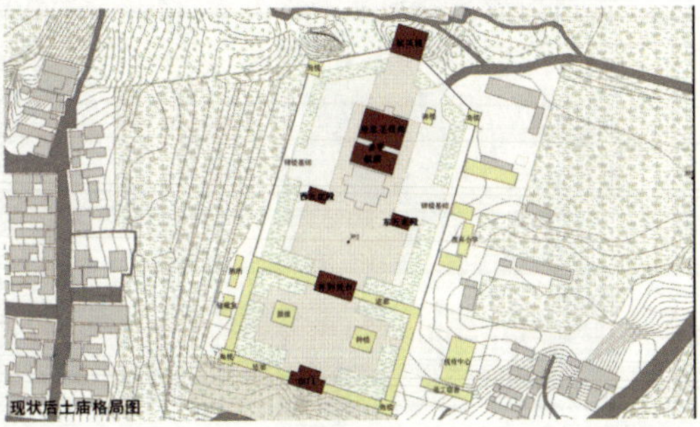

图 2-48　万荣后土祠现状平面图

图 2-49　山西省万荣县后土祠正殿后土圣母像

图 2-50　后土祠献殿西壁壁画局部（1）

图 2-51　后土祠献殿西壁壁画局部（2）

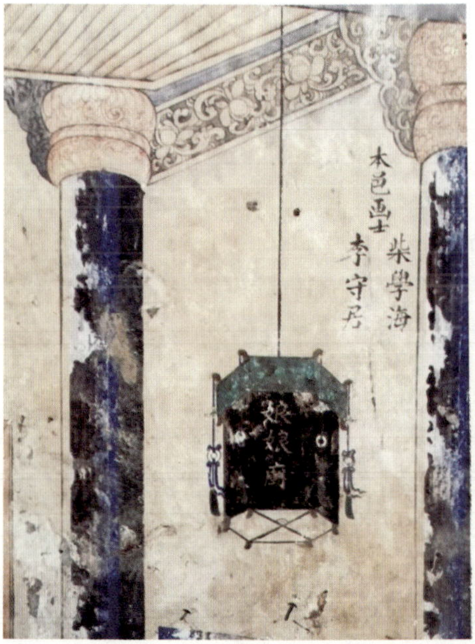

图 2-52　后土祠献殿西壁壁画局部（3）

图 2-53　万荣后土祠北面向及南面向鸟瞰图

14. 曲沃赵庄后土圣母庙后土图像

（清代　泥塑）

赵庄后土圣母庙位于山西省临汾市曲沃县里村镇赵庄，始建时间未详，据正殿脊板与碑刻记载，清同治十一年（1872）、民国八年（1919）进行过重修。现存正殿，内有三龛，正中供奉的即是后土圣母。正殿脊板上有题记：“大清龙□同治十一年岁次壬申，重修后土圣母、子孙娘娘，镇煞将军大殿五间，于贰月十七日破土动工，叁月十三日子时立柱上梁，愿保阖村吉祥如意者。”推测此后土圣母像应为清代作品。

后土圣母面容白净丰腴，戴华丽珠冠，持笏板，坐于台座上。背后木构浮雕屏风花团锦簇，精巧灵动。

图 2-54　山西省曲沃县赵庄后土圣母庙正殿全貌

图 2-55　后土圣母像

15. 现当代后土与地母图像选例

明清以来后土民间信仰在乡土社会不断发展，深入人心，神州大地上处处有其宫庙祠观，民众们无论是希望土地丰收、禳灾保安，还是祈求多子多福、拜问姻缘，都会前往后土庙祭祀。这些后土庙中基本都存在后土圣母塑像，以便民众供奉崇拜。

此外，大陆南方沿海地区及台湾省多有地母庙，据萧登福考证，地母即是后土，台湾地母信仰流行，可能与《玉匣记》《地母经》的流行有关。而且地母的造型与大陆后土像相差甚远。[1]闽台地区后土与地母的混用趋势比较明显，诸多学者从信仰的角度对这一现象进行了考察[2]，也有学者如王琛发教授提示，台湾地区的后土与地母混同，与20世纪丧葬商业活动相关，不一定是信仰发展的结果。[3]

沧海桑田、时移世异，诸多后土庙、地母庙都经历了翻修甚至重建，其中的雕塑很多也是乡民筹资新塑，时代晚近，且充满乡土气息，艺术水平不高，以下挑选一部分有代表性的图像，列表于下（表2–1）。

表2–1　现当代后土与地母图像选例

地区	庙宇	沿革	主要奉祀对象	塑像照片
山西省				
长治市潞城区店上镇宋村	后土庙	一说始建时代不详，一说始建于明嘉靖四十二年（1563）；清乾隆时期重修	正殿（后土、痘、滠、痳、送生、催生、眼光等娘娘）东配殿（清源王）西配殿（董、孟、赵三位将军）	

1　参见萧登福：《后土与地母——试论地土诸神及地母信仰》，《运城学院学报》2005年第1期。

2　参见李志鸿：《后土信仰与中国民间信仰》，《世界宗教文化》2018年第3期；林仁昱：《台湾奉祀“地母至尊”宫庙考查及其信仰观念探析》，《兴大中文学报》2008年第23期。

3　参见王琛发“后土与中华文明”系列讲座之六“南洋华人的后土信仰——民族意象与天人观念的在地诠释”，2022年7月28日。

续表

晋中市灵石县静升镇静升村	后土庙	始建年代不详，元明清屡次重修，20世纪50年代塑像被毁，2013年重建	后土圣母、五岳四渎、火星娘娘、子孙痘疹娘娘	
运城市平陆县洪池乡南王村和芮城县坛道村交界处	檀道庙（后土庙）	始建时代不详，清代有重修，20世纪60年代塑像毁，1995年重建	后土圣母、虞君圣母、芮君圣母	
运城市万荣县通化镇东孝原村	后土娘娘庙	始建时代不详，历代重修，1945年毁，2006年重建	后土圣母、送子娘娘、司药娘娘	
运城市平陆县张店镇张店村	后土庙	始建时代不详，2013年重建	后土娘娘、五岳、五虎上将、女娲	

续表

临汾市襄汾县汾城镇尉村	后土庙	清代修建，现仅存戏台、钟鼓楼、塑像戏台后山墙有题记：“时大清道光十七年岁次丁酉二月十八日辰时上梁……”	后土圣母	
山东省				
临沂市蒙阴县坦埠镇戴家庄	后土庙	始建时代未详，明清民国历次重修	后土圣母	
河北省				
涿州市小马村	泰宁宫	20世纪60年代被毁，1993年新建	后土皇地祇	
保定市易县桥头乡卧虎山	太阳宫后土皇帝殿	隋唐始建，明清扩建重修，2004—2009年重修	后土皇地祇、蚕姑奶奶、普济奶奶、西王母	

续表

保定市定兴县定兴镇西辛告村	后土庙	始建于清乾隆五十五年（1790），后毁，1992年重建	后土圣母	
河南省				
新乡市获嘉县后庄村	后土庙	始建年代未详，历代重修，后毁，20世纪80年代重建	后土圣母	
福建省				
福州市连江县南竿乡福沃村福澳境	地母庙	始建年代未详	地母娘娘、王将军、中坛元帅	
香港				
离岛区长洲岛西湾	地母庙	始建年代未详	地母元君、龙母元君、太岁老爷	
观塘区蓝田公园	地母元君庙	20世纪90年代始建	地母元君	

续表

台湾省				
嘉义县圣灵山修缘湖	地母庙	地母原为嘉义市大天宫陪祀神，1983 年独立奉祀，2001 年建庙	地母娘娘、神农圣帝、关圣帝君、天上圣母	
新北市芦洲区	护天宫地母庙	始建于 1972 年	地母至尊、后土元君、天上圣母、孚佑帝君	
云林县古坑乡高林村	地母宫	始建于 1997 年	地母至尊	
云林县古坑乡荷苞村	地母庙	始建于清光绪三十四年（1908），于 1969 年重建完成	地母至尊、文昌帝君、观音、中坛元帅	
南投县埔里镇	地母庙（宝湖宫天地堂）	1937 年雕刻地母像，1948 年开堂	地母至尊、无极老祖、开天古佛、玉皇大帝、神农大帝	

壁　画

宫观、寺庙壁画是中国古代宗教美术的重要分支，也是宗教图像系统重要的组成部分。它以建筑为依托，不仅起到了装饰建筑空间、营造神圣气氛的作用，也是宗教神祇谱系、宗教教义与仪轨的重要体现形式。

现今所见的元、明、清以来遗存的道教宫观壁画中，多见后土皇地祇的形象。比如举世闻名的山西永乐宫三清殿元代壁画，后土庄严神圣，华美异常，是中国美术史上浓墨重彩的一笔。明代道观壁画较有代表性的有陕西省耀县药王山南庵三清殿壁画、山西浮山县老君洞壁画等，清代如河北蔚县玉皇阁壁画。

佛教寺院中有专门用于水陆法会的水陆殿，为装饰殿宇，增加神圣性，僧人们请画师在水陆殿四壁绘制水陆法会所祈请的神祇、超度的对象等内容，从而出现了水陆壁画。之中也有后土的形象出现，常有榜题“后土圣母众”等字样表示其身份。其中时代较早的是山西省稷山县青龙寺腰殿的元代壁画。明清水陆壁画中后土形象也很多，如河北省石家庄市毗卢寺毗卢殿明代壁画、河北张家口市怀安县昭化寺大雄宝殿明代壁画、山西省繁峙县公主寺大雄宝殿明代壁画、山西大同市阳高县云林寺大雄宝殿明代壁画、山西大同市浑源县永安寺传法正宗殿清代壁画等。

民间信仰中，后土作为“地载万物”的神祇，也被历代民众建构起形象。其中最为华丽的是位于山西省吕梁市汾阳县栗家庄田村的后土圣母庙壁画。壁画采取了宗教壁画常见的“出队”“入队”的一种构图，东西壁形成一种巡幸出行与归来的完整序列，后土圣母反复出现，凤冠朱袍，典雅神圣。

1. 芮城永乐宫后土及相关图像

（元代　高 426 厘米）

永乐宫位于山西省运城市芮城县，是道教全真派三大祖庭之一。元代时称之“大纯阳万寿宫”，后因其地处永乐镇而俗称“永乐宫”。现今永乐宫南北中轴线上留存的建筑有宫门、无极门、三清殿、纯阳殿、重阳殿，其中三清殿内的《朝元图》闻名遐迩，是道教壁画艺术中璀璨的明珠。

《朝元图》分布在三清殿四壁及扇面墙上，上有八位主尊，而八位主尊的身份一直以来受到学者们的讨论。三清殿东、西壁各有一位女主神，她们究竟是何身份，学界仍有争论。早年有王逊[1]、邓昭[2]等学者进行了考辨，认为东壁为后土皇地祇，西壁为金母元君；持相反意见的则有景安宁[3]、葛思康[4]、耿纪朋[5]、赵伟[6]等学者，他们认为西壁为后土皇地祇，东壁为金母元君。下面将东西壁女神图像均列出，以供参考。

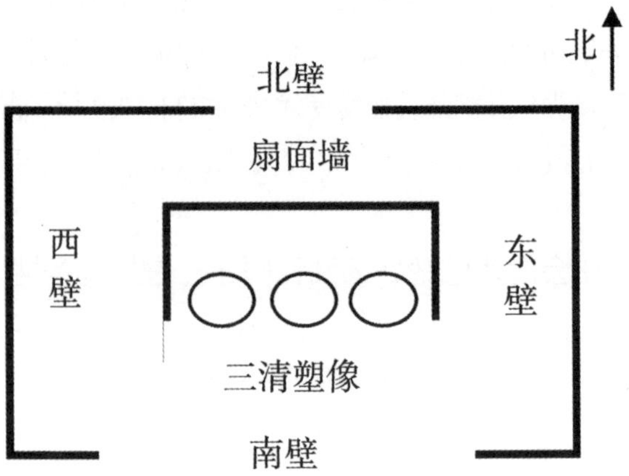

图 3-1　永乐宫三清殿示意图

综合相关图像志、同时代其他晋南道观壁画作品、明清晋南水陆画图像来看，西壁女主神为后土皇地祇的可能性更大。其戴金色龙凤冠，冠前正中有一“坤”卦符号，着广袖袍服，素衣交领，身挂朱佩瓔珞，袖口有象征天人羽衣的羽饰，足踏凤头舄。双手交握绿色笏板，坐于龙凤椅上，有圆形白色头光。身旁云气缭绕，有侍女侍香、打扇、捧花。

1　参见王逊：《永乐宫三清殿壁画题材试探》，《文物》1963 年第 8 期。

2　参见邓昭：《永乐宫三清殿壁画女主神身份辨析》，李凇主编：《山西寺观壁画新证》，北京大学出版社 2011 年版。

3　Jing Anning（景安宁）, *The Yongle Palace: The Transformation of the Daoism Pantheon during the Yuan Dynasty (1260-1368),* Ph.D. diss., Princeton University, 1993.

4　Lennert Gesterkamp（葛思康）, *The Heavenly Court: Daoist Temple Painting in China, 1200-1400,* Leiden: Brill, 2011.

5　参见耿纪朋：《山西永乐宫三清殿〈朝元图〉壁画八位主尊新考》，《艺术探索》2017 年第 2 期。

6　参见赵伟：《永乐宫壁画中的朝元队列》，《美术大观》2021 年第 12 期。

图 3-2 山西省运城市芮城县永乐宫三清殿东壁女主神像

图 3-3　山西省运城市芮城县永乐宫三清殿西壁女主神像

图 3-4　东壁女主神像线描图

图3-5　西壁女主神像线描图

2. 加拿大多伦多安大略皇家博物馆藏后土图像

（元代　高 310 厘米　加拿大多伦多安大略皇家博物馆藏）

流失在海外的大型道教壁画《神仙赴会图》，于 1937 年被安大略皇家博物馆远东部的第一位主任怀履光主教（Bishop William Charles White）购得收藏。此壁画原先所在具体地址已无从考证，推测最早可能位于晋南平阳府地区的某一道教宫庙殿堂。现如今的《神仙赴会图》陈列在安大略皇家博物馆怀履光主教展厅的东、西壁。

《神仙赴会图》共绘六位主神，为四帝二后的配置，关于六位主神身份，学者们意见不一，怀履光[1]、景安宁[2]、赵伟[3]、耿纪朋[4]等都有所讨论，学者们的共识是东壁的女主神为后土，即此处所展示的图像。

后土皇地祇服饰华贵，呈立姿，戴金凤冠，冠前中央装饰“坤”卦符号，身着交领朱衣，戴璎珞珠串，广袖边缘有羽翼装饰。持绿色笏板，有圆形白色头光。身边有打扇女仙。此后土形象与永乐宫后土形象极为相似，其冠服形制模仿了朝廷后妃的服制。根据《宋史・舆服志》、南薰殿旧藏宋仁宗皇后像、宋神宗皇后像等文献、图像资料，可知后土皇地祇的冠服与宋代皇后冠服基本一致。

1 William Charles White（怀履光）, *Chinese Temple Frescoes: A Study of Three Wall-paintings of Thirteenth Century,* Toronto: The University of Toronto Press, 1940.

2 参见景安宁：《元代壁画——神仙赴会图》，北京大学出版社 2016 年版。

3 参见赵伟：《道教壁画五岳神祇图像谱系研究》，文化艺术出版社 2013 年版。

4 参见耿纪朋：《山西永乐宫三清殿〈朝元图〉壁画八位主尊新考》，《艺术探索》2017 年第 2 期。

图 3-6　山西平阳府某宫庙殿堂东壁　后土皇地祇

图 3–7　后土皇地祇线描图

图 3-8　东壁略缩图

图 3-9　西壁略缩图

后土皇地祇

3. 稷山青龙寺后土图像

（元代　高 510 厘米）

青龙寺是一座佛教寺院，位于山西省稷山县西约 4 公里处，始创于唐高宗时期，现存的主体建筑腰殿、后殿为元代所建，明清时期又屡次重修。

现存的水陆壁画主要绘于腰殿四壁、扇面墙、拱眼壁上。经孙博考证[1]，腰殿于元代至正时期地震时损毁严重，壁画是在震后重修时所绘，此时已是元末。而青龙寺壁画同属晋南壁画群，为“朱好古风格”作品，显示出高超的画艺。

后土形象位于腰殿东壁，榜题“后土圣母众”，另有小字为“本村男善人李庭玉施”。后土呈立姿，着长袍，袖口有绿色镶边，有圆形头光，身前侍女托盘，上有香炉，另一侍女捧盒。

值得注意的是东壁还有一组与后土相隔不远、位置相对，且人物面部与行进姿态相对称的人物，榜题为“主仙圣母众”。

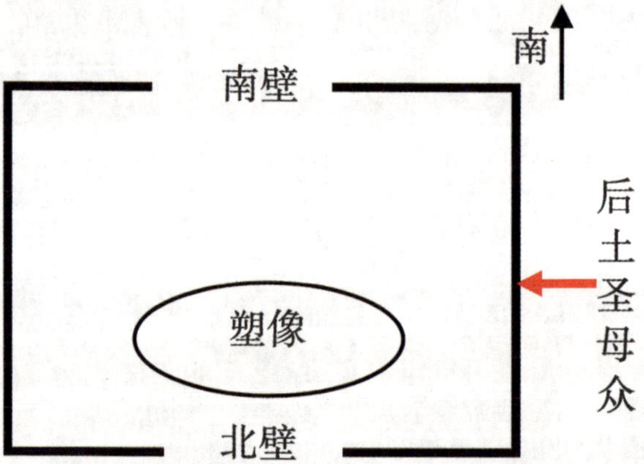

图 3-10　青龙寺腰殿示意图

1　参见孙博：《稷山青龙寺壁画研究——以腰殿水陆画为中心》，《中国美术研究年度报告 2010》，人民美术出版社 2011 年版，第 107—110 页。

图 3-11 山西省稷山县青龙寺腰殿东壁局部后土圣母众

图 3-12 后土圣母众线描图

图 3-13 青龙寺腰殿东壁线描图

4. 繁峙公主寺后土图像

（明弘治时期　高 316 厘米）

公主寺位于繁峙县东南约 15 公里的公主村，地处五台山北台外围，是五台山有名的佛寺，因北魏信诚公主在此出家而得名。现寺内最有价值的建筑为过殿与大雄宝殿，为明代遗存。

水陆画绘制于大雄宝殿的四壁，据熊雯考证，壁画的绘制年代与建筑时代大致相同，为明代早期弘治年间的作品。[1]公主寺的壁画构图与青龙寺类似，东、西壁以体量较大的卢舍那佛、弥勒佛为中心展开，环绕众仙，礼佛朝觐。

后土圣母位于大雄宝殿西壁，画面右上角有榜题“后土圣母众，信士男善人王俊”。后土呈立姿，面容白净丰腴，戴金色凤钗，着圆领长袍，衣袖博大为红色，衣带飘扬。双手持白色笏板，以白帕遮手。身旁二女官侍立打扇，均戴翘脚幞头，一绿衣，一白衣。后土对称的位置有一组一主二侍三人像，榜题为“天妃圣母，信士男善人王儒”，水陆画中天妃圣母常与后土配对出现，这里的功德主从姓名上看似乎是族属，二人关系较近，故而两人出资布施了这两组内容相关的图像。

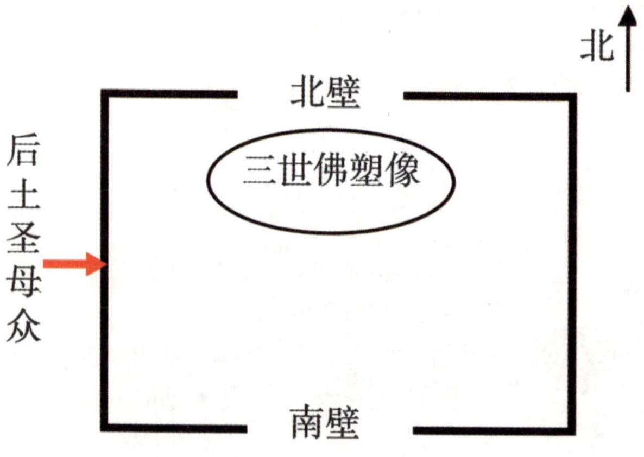

图 3-14　公主寺大雄宝殿示意图

1　参见熊雯：《繁峙县公主寺水陆画研究——以东西壁神祇内容及排布为中心》，李凇主编：《山西寺观壁画新证》，北京大学出版社 2011 年版。

图 3-15　山西省繁峙县公主寺大雄宝殿西壁局部　后土圣母众

5. 蔚县故城寺后土图像

（明正德时期　高 350 厘米）

故城寺位于河北省张家口市蔚县大固城村东，俗称东大寺。现存释迦殿及三间禅房，根据释迦殿脊槫下墨书题记可知释迦殿建于明正德二年（1507），壁画亦大致完成于这一时段。

水陆画绘于释迦殿内四壁上，北壁东西两侧绘十大明王，东、西壁绘诸位神祇，为四层横列式构图，最上层画 8 组人物，其余每层均为 12 组人物，每组人物有榜题。南壁东西两侧人物均为三层，绘往古人伦与幽冥孤魂。

“先天后土圣母众”位于西壁第二层最南端。主神有二位圣母，二者面相、衣饰基本相同，均为凤冠红袍，均持笏板，不同之处较明显的是前者圣母凤冠有芙蓉花饰，有圆形黄色头光，后者圣母为绿色头光。二者身旁有二侍女打扇，一侍女捧花。所谓的“先天圣母”一名见于《道门定制》，云其“乃玄妙玉女混元帝寄胎降生”[1]，为众女仙之首。但到了明清时期，先天圣母往往与子孙圣母等神仙圣母一起，成为后土圣母的眷属。

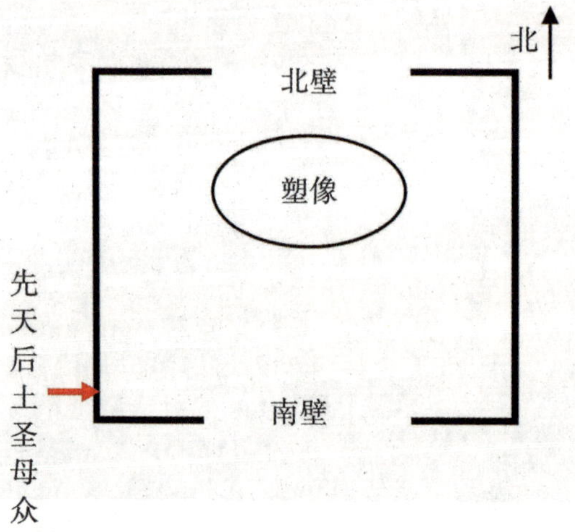

图 3–16　故城寺释迦殿示意图

1　《道门定制》卷三，《道藏》第 31 册，北京文物出版社、上海书店、天津古籍出版社 1988 年版，第 678 页中栏。

图 3-17　河北省张家口市蔚县故城寺释迦殿西壁先天后土圣母众

6. 怀安昭化寺后土图像

【明嘉靖四十一年（1562） 高 270 厘米】

昭化寺位于河北省怀安县城西，据寺内《敕赐昭化寺碑》可知，昭化寺始建于明正统元年（1436）。现存山门、天王殿、大雄宝殿等主要建筑。

水陆画绘制于大雄宝殿四壁，南壁有墨书题记："时大明嘉靖肆拾壹年岁在壬戌冬拾月初拾日吉时谨志，画工匠人任朝相。"可知壁画的绘制时间为明嘉靖四十一年（1562）。北壁绘佛、菩萨，南壁门侧绘护法神将各一。诸神分两排横列，绘于东、西壁上。

西壁上层北起第二组人物有榜题标明身份，为"天藏王菩萨后土圣母众"。图像内部逻辑可视为两组人物，天藏王菩萨与侍者在前，后土圣母众在后。天藏王菩萨为水陆仪轨中的引路菩萨之一，画面中菩萨天衣飘扬，足踏莲花，有圆形头光，身旁有侍者打幡。后土圣母众一行四人，后土戴巨大花冠，上有凤凰装饰，宽衣博袖，袖口有羽饰，双手持笏板。身旁有打幡、打扇侍女，另有一红衣侍女侧立，作朝觐状。后土圣母雍容华贵，有宫廷后妃之貌。

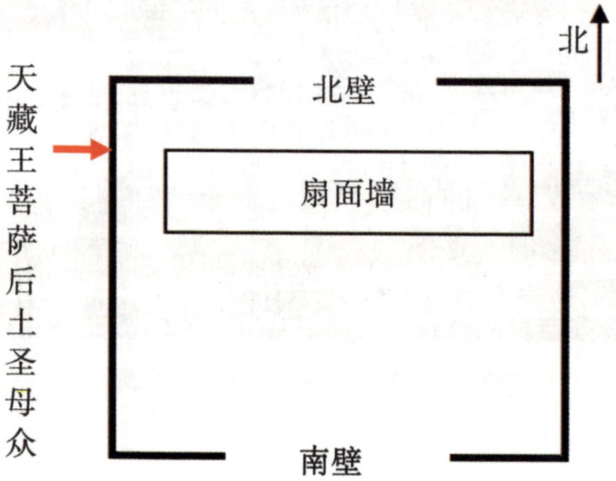

图 3-18 昭化寺大雄宝殿示意图

图 3-19　河北省张家口市怀安县昭化寺大雄宝殿西壁天藏王菩萨后土圣母众

图 3-20　天藏王菩萨后土圣母众线描图

7. 药王山南庵后土图像

【明嘉靖四十三年（1564）　高 280 厘米】

药王山位于陕西省耀县城东，因唐代名医“药王”孙思邈曾隐居于此而得名。药王山南庵为唐代始建的道观，彼时为敬拜孙思邈的孙真人祠，宋徽宗时赐名“静应庙”，金元时期称“静明宫”。现存大殿三座、戏楼、魁星楼等建筑。

南庵三清殿绘有《神仙朝元图》壁画，据高明考证，该壁画有部分宋代遗风，但经过后世多次修整重绘，现如今所见的壁画明代特征更为明显，应是明嘉靖时期地震之后，于嘉靖四十三年（1564）重绘的作品。[1]

后土皇地祇位于东壁，面部丰腴端庄，神情恭敬，戴皇后凤冠，上有沥粉贴金。人物呈立姿，着红色长袍，持绿色笏板，有圆形绿色头光，身后有二侍女打扇、捧物。人物线条均匀流畅、飘逸流动，色彩古朴沉着。

1　参见高明：《陕西耀县药王山南庵道教壁画初探》，《世界宗教研究》2007 年第 3 期。

图 3-21　陕西省耀县药王山南庵三清殿东壁局部

图 3-22　东壁后土皇地祇

图 3-23　东壁主神线描图

8. 临汾浮山老君洞后土图像

（明万历时期　高 433 厘米）

浮山县位于山西省临汾市东南，老君洞距县城西南约 5 公里，始建于唐初，名为“老君殿”，明代时称为“混元石梁殿”。现存建筑为石结构的一座殿宇，门额上有“老君洞”三字。门廊左右刻《太上老君八十一显化》线图，殿内四壁均有绘画，北壁、南壁人物分别呈两排横列，东壁、西壁人物为六排横列，四壁共画神仙约 100 组，各有榜题标明身份。

据李凇教授考证，老君洞壁画初绘可能在明代重修混元石梁殿的万历三年（1575）左右，而东壁榜题“敕封三界伏魔大帝”揭示其时代在万历四十二年至天启四年之间（1614—1624），显示出壁画在完成之后的四十余年间又被重修或补充。[1]

后土位于大殿北壁上层最西端，榜题为“承天□□后土圣母”，有二字漫漶不清，据文献中后土名号推断应为“承天效法后土圣母”。最上层三清像左右的六位为四帝二后，均有榜题，东侧从内向外依次为“昊天玉皇金阙上帝、中天星主紫微大帝、先天一炁圣母元君”，西侧为“上宫勾陈天皇大帝、□微南极长生大帝、承天效法后土圣母”。

后土戴凤冠披帛，端坐在高背屏宝椅上，双手持笏板，虽面容已模糊，但仍能看出鹅蛋形面庞的清秀，其形象虽不及元代大气磅礴，但也文雅精致，显示出晋东南壁画艺术的卓越面貌。

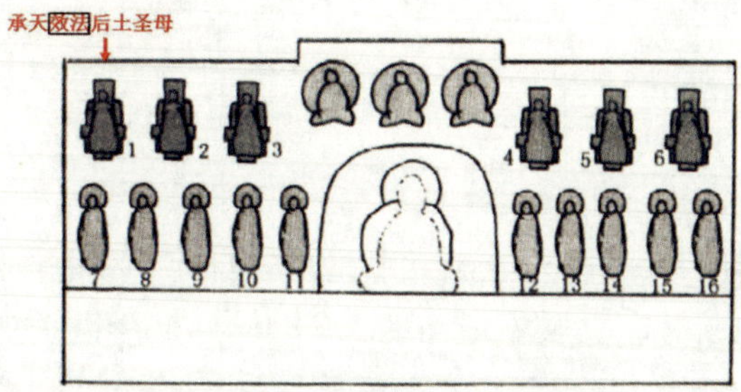

图 3-24　老君洞北壁壁画布置图

1　参见李凇：《浮山县老君洞道教图像的调查与初步研究》，李凇主编：《山西寺观壁画新证》，北京大学出版社 2011 年版，第 31—32 页。

图3-25　山西省临汾市浮山县梁村老君洞北壁上层西侧局部　上宫勾陈天皇大帝、□微南极长生大帝、承天效法后土圣母

图3-26　山西省临汾市浮山县梁村老君洞北壁上层东侧局部　昊天玉皇金阙上帝、中天星主紫微大帝、先天一炁圣母元君

图 3-27　承天效法后土圣母

图 3-28　承天效法后土圣母线描图

9. 沁水玉皇庙后土图像

【明万历二十六年（1598）】

玉皇庙位于山西省晋城市沁水县端氏镇坪上村东，坐北朝南，始建年代不详，据壁画题记可知玉皇庙重修于明万历二十六年（1598），功德主为籍贯当地的工部尚书刘东星，壁画亦绘于重修之时。玉皇庙原有建筑包括山门、正殿、配殿等，现仅存正殿。正殿面阔三间，进深五间，东、西、北三壁绘制壁画，2006年壁画经保护揭取，现藏于晋城博物馆。

北壁壁画为主神正坐独像，东西壁为朝元诸神组像，三壁神像约80组。后土圣母位于北壁，呈正面坐像，有红色榜题框墨书题记标明身份，梳高发髻，戴金色钗，着黄衣白袍，袖口有白色羽饰，双手持笏板，以织物遮手，坐于宝椅之上，下踩云纹足踏，有圆形白色头光。玉皇庙壁画中后土等女性神祇衣饰较为格套化，北壁还有碧霞元君等像，衣冠较为相似，颜色略有差异。

图 3-29　山西省晋城市沁水县坪上村玉皇庙正殿北壁局部　后土圣母

图 3-30　后土圣母线描图

10. 白沙大宝积宫后土图像

（明代中期　高 207 厘米）

少数民族的佛教寺院壁画中也有后土皇地祇的形象，云南大宝积宫壁画就是一例。大宝积宫位于云南省丽江市玉龙纳西族自治县白沙乡，始建于明万历十一年（1583），殿宇坐西朝东，内有壁画绘制于西壁、北壁、南壁上，绘制年代为纳西族木氏土司的鼎盛时期，相当于明中期。壁画内容复杂，包括了藏传佛教、汉传佛教、道教等题材，构图以说法图为基本结构，主尊较大，四周围绕群神。西壁有《释迦如来法会图》，南壁中央为《孔雀明王海会图》，北壁中央为《普门品观音图》，南北壁中央图像的两侧亦各有密教主尊及诸神图像。

大宝积宫壁画内容充分体现了三教合一的宗教融合，这是由于其主要供养人木氏土司家族成员多信奉佛教，也不乏崇道者，对各个宗教都保有开放宽容的平等之心，故而形成了大宝积宫壁画中满天神佛、和而不同的局面。

后土皇地祇位于南壁东端中上层，东端壁画的主尊为密教神祇，游戏坐于莲台，有泥金藏文题字“五色毫光圣母”标明身份。主尊之上有持扇的道德天尊，左右有二真人侍立。道德天尊两侧分两层绘四御，上层左右正坐者为玉皇、紫微，下层侧坐者为勾陈、后土。后土皇地祇戴凤冠，着长袍，侧坐于圈椅上，双手持笏板，有圆形头光。

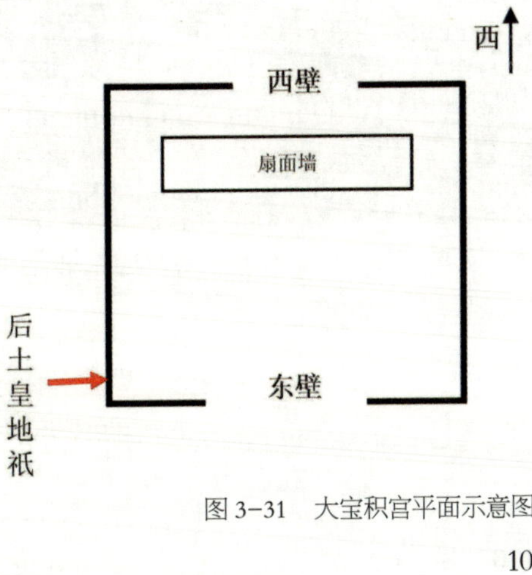

图 3-31　大宝积宫平面示意图

图 3-32　云南省丽江市白沙乡大宝积宫南壁东端中上层局部

图 3-33　南壁后土皇地祇

图 3-34　后土皇地祇摹本

11. 汾阳后土圣母庙后土图像

（明中后期　总面积 76.37 平方米）

后土圣母庙位于山西省吕梁市汾阳县栗家庄田村，相传始建于唐代，据重修碑记可知，圣母庙经历了明嘉靖二十八年（1549）、清顺治二年（1645）、道光八年（1828）等数次重修。现仅存正殿圣母殿、东西配殿，原正殿内供奉的雕塑已毁，现存为今人重塑作品。

关于圣母庙主神身份，刘守䢖、潘絜兹[1]、柴泽俊[2]认为圣母是西王母，后经多位学者[3]考证，认为奉祀主神应是后土圣母。

圣母殿内东、西、北壁绘有明代壁画，保存完好。东壁描绘后土圣母在宫女簇拥之下，准备乘辇出行的场景。后土戴金色凤冠，着朱红长袍，拢袖于胸前。西壁绘后土回銮场景，后土坐于朱色辇车中，神将诸吏随行，辇车前有一富丽堂皇的宫殿，神将在外恭候，宫女陈设宝物。北壁绘后土圣母宫廷生活场景，以塑像分为东西次间两幅作品，东次间描绘伎乐吹奏队伍、抬食盒队伍与备食场景，西次间描绘宫女捧物，所持均为宫廷陈设，有棋盘、几案、乐器、莲花等物。

1　参见刘守䢖、潘絜兹：《山西汾阳县田村圣母庙小记》，《文物》1979 年第 10 期。

2　参见柴泽俊：《山西寺观壁画》，文物出版社 1997 年版，第 120—121 页。

3　参见金维诺、罗世平：《中国宗教美术史》，江西美术出版社 1995 年版，第 240 页；廖奇琦：《神灵与仪式：山西汾阳圣母庙圣母殿壁画研究》，中央美术学院硕士学位论文，2007 年；武丽敏：《汾阳田村圣母庙壁画绘制年代及主神考》，李凇主编：《山西寺观壁画新证》，北京大学出版社 2011 年版，第 331—373 页。

图 3-35　山西省汾阳后土圣母庙东壁《迎驾图》局部　后土出宫

图 3-36　汾阳后土圣母庙西壁《巡幸图》局部　龙辇回銮

图 3-37　汾阳后土圣母庙西壁《巡幸图》局部　宫闱尚宝

图 3-38　汾阳后土圣母庙北壁东次间《燕乐图》局部　备膳

图 3-39　汾阳后土圣母庙北壁东次间《燕乐图》局部　伎乐

图 3-40　汾阳后土圣母庙北壁西次间《燕乐图》局部　捧物（1）

图 3-41　汾阳后土圣母庙北壁西次间《燕乐图》局部　捧物（2）

图 3-42 汾阳后土圣母庙正殿现状

12. 阳高云林寺后土图像

（明代　高 246 厘米）

云林寺位于山西省大同市阳高县城内西门南侧，始建于明代，由皇室下令敕建，清代晚期又重修扩建。现存大雄宝殿、天王殿和配殿。

现存水陆画绘于大雄宝殿北、东、西壁及扇面墙背面，为横列式三层构图，绘制年代与明代时期殿宇建造时间相当。由于南壁均为隔窗无法绘制壁画，本应绘于南壁的往古人伦与孤魂，就被绘制到了东、西壁较靠南的位置上。

后土圣母位于西壁上层最北端，榜题框内墨书“后土圣母”。后土为立姿，面部温和柔美，梳高发髻，头戴金色凤冠，颈饰璎珞，着红色长袍，袖口有蓝色羽饰，双手合十胸前。身旁环绕侍者，身前两侧玉女捧盘，上放香炉、宝瓶，身后各有一玉女打宝幡。队列末尾有一男性仙官侍立，双手持笏板。后土圣母与众侍队列俨然一幅后妃出行的景象，整体色彩温暖明快，线条刚柔并济，疏密有度，是晋北壁画中一颗璀璨的明珠。

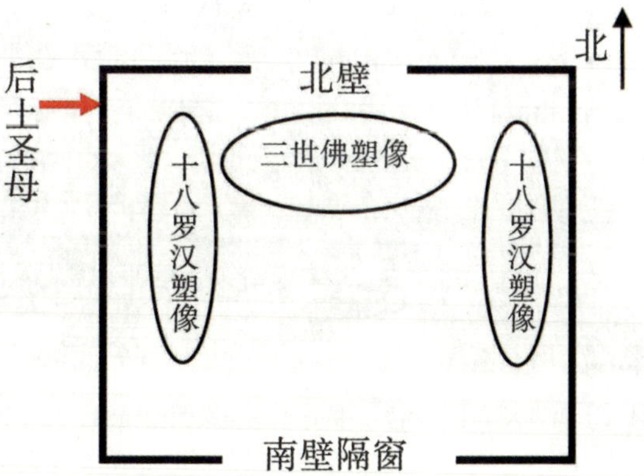

图 3-43　云林寺大雄宝殿示意图

图 3-44　山西省大同市阳高县云林寺大雄宝殿西壁局部　后土圣母

13. 蔚县玉皇阁后土图像

【清康熙二十二年（1683）　高 250 厘米】

玉皇阁位于河北省张家口市蔚县县城北城垣上，始建于明洪武十年（1377），原为靖边楼，明正德年间开始供奉玉皇大帝，才成为玉皇阁。现存前后两进院落，有天王殿、东西配殿、玉皇阁大殿、钟鼓楼等建筑。

玉皇阁大殿外观三层，内部实际为二层，一层大殿内供奉玉皇塑像，北壁、东壁、西壁均有壁画。北壁壁画分别位于中央塑像的东西两侧，共绘 6 位主神与 33 位天帝；东、西壁人物均为两排横列，各绘 18 尊神祇形象，合为雷部三十六元帅。据胡春涛考证，北壁两侧六位主神为道教“六御”。[1] 玉皇阁虽为明代所建，但根据重修记等文献，推测壁画应是在康熙二十二年（1683）重修时完成的。

北壁东侧第一位女性主神是后土皇地祇，戴冕旒冠，着红色凤袍，有袖口蓝色镶花边装饰，双手持笏板，以方帕遮手，端庄正坐在有脚踏的高背屏宝座上。身侧有神将侍立、侍者捧盘，盘上放卷轴。身后有白色云气纹，云气上方为三十二天帝组像。

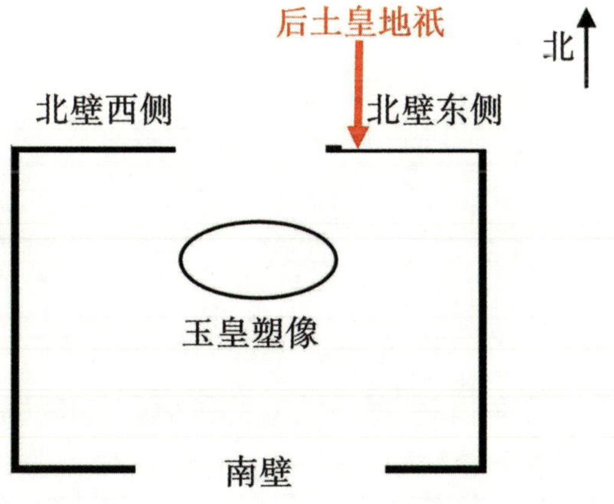

图 3-45　玉皇阁大殿示意图

1　参见胡春涛：《道教壁画艺术研究：以北方寺观为中心的考察》，广西美术出版社 2018 年版，第 131 页。

图 3-46　河北省张家口市蔚县玉皇阁　大殿北壁东侧

图 3-47　大殿北壁东侧局部　后土皇地祇

14. 浑源永安寺后土图像

（清乾隆时期 高296厘米）

永安寺毗邻北岳恒山，位于山西省大同市浑源县内，始建于金代，后遭火焚，元初进行了重建，元延祐二年（1315）修建传法正宗殿，明清又有数次修葺。现存护法殿、护法正宗殿、东西配殿等建筑。

水陆画绘于传法正宗殿的四壁上。北壁东西两侧绘十大明王，东、西、南壁人物分三层横列，东西壁绘诸神，南壁绘被超度的对象。以往学术界认为壁画绘制年代为明代，赵明荣通过对供养人身份及壁画纹样进行考证，认为壁画绘于清乾隆时期。[1]

后土圣母位于传法正宗殿西壁上层北起第二组，其榜题写于侍女所打幡上。后土戴金色凤冠，着暗云纹长袍，披帛佩玉，其身侧有一黑肤小鬼头顶红盘，盘内有宝珠数个。后土一手持行炉，一手取小鬼所顶盘内宝珠。另有三侍女打扇、打幡、侍立环绕。

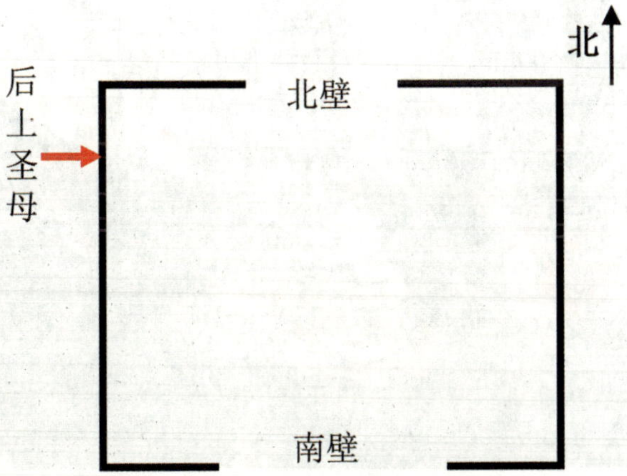

图3-48 永安寺传法正宗殿示意图

1 参见赵明荣：《永安寺壁画绘制年代考》，北京大学硕士学位论文，2004年。

图 3-49　山西省大同市浑源县永安寺传法正宗殿西壁局部　后土圣母

15. 蔚县重泰寺后土图像

（清乾隆时期　高 207 厘米）

重泰寺位于河北省张家口市蔚县涌泉庄高利村北。相传辽代始建该寺，现存主体建筑为明清时期所建。寺院占地 6680 平方米，自南向北中轴线上有戏楼、山门、天王殿、千佛殿、观音殿、水陆殿、释迦殿、三教楼。东西有钟鼓楼、关帝殿、二郎殿、阎王殿、罗汉殿等建筑。水陆殿、观音殿、三教楼内皆有壁画，水陆殿内四壁满绘水陆画，观音殿东西壁绘观世音救难场景，三教楼北壁绘儒释道三教人物画像。

水陆殿内的水陆壁画尤为精美，北壁绘十大明王，东、西、南壁绘诸神仙，以及俗世往古人物、三教九流、枉死鬼众。后土圣母绘于西壁，戴金色凤冠，着朱色长袍，披帛，一手持行炉，一手伸向脚边半蹲的童子头上所顶的宝盘。前有侍者打幡，上书“后土圣母”四字，另有梳双丫髻侍女持卷轴、打扇。

图 3-50　河北蔚县涌泉庄重泰寺水陆殿西壁局部　后土圣母

卷轴画

道教进行各类斋醮科仪、佛教进行水陆法会的时候，有时会用到卷轴画、纸牌画来布置道场或坛场，因而衍生出绘有各类神祇的斋醮卷轴画、水陆卷轴画或纸牌画。现所见的斋醮画、水陆画多为绢、纸、布等材质，主要为明清两代的作品。而这些卷轴画中，常能发现后土的形象。

在道教斋醮画中，后土皇地祇作为四御之一，神格较高，一般呈现帝王的样貌，穿帝王袍服，戴冕旒冠。在构图上，有独幅画轴，如本书收录的甘肃省民乐县博物馆、武威市博物馆以及北京白云观所藏的画轴都是这种情况。也有四御分别绘于对应两轴的构图，湖南省长沙市大观仓艺术博物馆所藏的画轴就是这种构图。此外还有将道教诸神绘于一轴的“众神图轴”，三清位于顶部正中，四帝二后分列两边。

佛教水陆画中的后土圣母一般呈现后妃的形象，衣冠高贵典雅，有侍女侍官环绕左右。其中较为精美者，如著名的山西宝宁寺水陆卷轴画“九天后土圣母诸神众”一轴，以及法国吉美博物馆藏“上元夫人后土元君”一轴等。此外还有非常独特的墨拓水陆画，其中藏于武威市博物馆的一轴最上层人物就是后土圣母与两位侍女，线条流畅，人物灵动传神。

1. 民乐县博物馆藏后土皇地祇轴

（明中期　绢本重彩　长 160 厘米　宽 93 厘米　民乐县博物馆藏）

甘肃省民乐县博物馆藏有一堂明中期绢本道教斋醮画，共 61 轴，题材内容丰富，其中包括道教主尊三清四御、三十二天、二十八宿、南斗北斗等道教天帝、星神，五祖七真等宗派祖师，五湖四海龙王、城隍山神土地等山岳湖海地祇，五部尚书、三曹四司、四值功曹等仙吏，九州社令、十八狱主等地狱鬼卒，雷部天将、六丁六甲、黑虎赵元帅、青龙朱雀、白虎玄武等护法神将等等。此轴后土皇地祇就归属于这一堂。

后土皇地祇为丰润女相，戴冕旒冠，穿凤纹白袍，持绿色笏板，坐在高背屏御座上。御座的背屏上有两列六小幅黄底海棠花形图案。有圆形透明头光。背景上空有华丽宝盖，上半部为蓝色天空，有花朵散布空中，下部分地面为绿色，天地交界处有彩色云气。

图 4-1　民乐县博物馆藏后土皇地祇轴

2. 九天后土圣母诸神众轴

（明代　绢本重彩 长119厘米　宽60.5厘米　山西博物院藏）

山西省右玉县宝宁寺旧藏有136轴明代佛教水陆卷轴画，为明代绢本水陆画中之精品，该画现藏于山西博物院。右玉县位于山西省大同市西约120公里处，明代时是抵御蒙古入侵的前线重镇。据“重修碑记”记载，宝宁寺创建于明天顺四年（1460），这堂水陆卷轴画很有可能就是在天顺年间敕赐给宝宁寺以镇边的。从绘画风格、人物服制、色彩渲染上看，此堂水陆画为明代作品。

此画右上角有榜题框，上书“右第十四，九天后土圣母诸神众”，标明了人物身份。所谓的“右第十四”，是对水陆画在坛场中布置位置的规定。由于水陆法会主尊为佛、菩萨，后土作为辅神，应是侧面朝觐的姿态。坛场一般坐北朝南，此幅人物均面向画面之右，因此应悬挂在坛场之西，即主尊的右边，位于西边第十四幅的位置。

九天后土圣母诸神共十位女神，呈立姿，面容相似，为贵妇人样貌，戴金色凤冠，着各色长袍，袍服均有冷暖相衬的彩色镶边，华丽异常。双手持笏板，以方巾遮手。全幅背景简淡，为素色绢地，略有云气渲染。

图 4–2　九天后土圣母诸神众轴

3. 上元夫人后土元君轴

（明代　绢本重彩　长 216.5 厘米　宽 103 厘米　法国吉美博物馆藏）

法国吉美博物馆藏有一批来自中国的水陆卷轴画，其中大多数都是 1900 年左右伯希和在北京所购。先是藏在卢浮宫，后转藏入吉美博物馆，其中最精美的，是明景泰五年（1454）宫廷敕造的作品。此幅《上元夫人后土元君》画轴从题记及风格看，并不属于明景泰时期的一堂，但从风格、购买地推测，此轴可能也是明代宫廷的作品。

画轴上有榜题牌，上记“上元夫人后土元君”。上元夫人，乃道君的弟子。《墉城集仙录》引《汉武帝内传》详述其事迹，说她“玄古以来，得道证仙，位总统真，籍亚于龟台金母”[1]，可知她是仙籍仅次于西王母的女神。画面上方着蓝袍，有侍女打幡、捧花、托瓶者，可能就是上元夫人。

画轴下方的主神为后土元君，呈立姿，面容秀美，着红色团花纹长袍，袖口有羽饰，双手持笏板，有圆形青色半透明头光。她身边的女官戴翘脚幞头，分别持宝印、拂尘、如意、山子等物。

1　《墉城集仙录》卷二，罗争鸣辑校：《杜光庭记传十种辑校》（全二册），中华书局 2013 年版，第 587 页。

图 4-3　上元夫人后土元君轴

4. 大观仓艺术博物馆藏水陆画轴及局部后土组像

（明代　绢本重彩　长 104 厘米　宽 64 厘米

湖南省长沙市大观仓艺术博物馆藏）

大观仓艺术博物馆藏此轴水陆画人物共 5 组，分为 3 层，上下两组，中层人物一组。每组人物都有榜题标明身份，上层人物分别是“主山主林主苗主稼主药神众”“主昼主夜主水主火神众”，中层为“诸大罗刹女众”，下层为“陂池井泉诸龙王众”“后土圣母五岳帝君”。整轴背景为细密的黄色云纹，人物如行云中，仙气盎然。

下层画面之右一组人物为后土圣母，虽榜题中还有“五岳帝君”，但并未画出。后土呈立姿，戴金色凤冠，胸前戴玉佩，着绿色长袍，袖口有羽毛装饰，双手胸前合十。左右二侍女捧宝珠、宝盒侍立。

图 4-4　大观仓艺术博物馆藏水陆画轴

图 4-5　水陆画局部　后土圣母组像

5. 平阳府水陆画轴及局部后土组像

（明代　绢本重彩　长155厘米　宽80厘米　私人收藏）

此轴平阳府水陆画人物共5组，构图以彩色祥云间隔，分为上、中、下三层，上层人物两组，榜题分别为“主昼主夜大神等众”“罗刹女等众”，中层榜题为“主苗稼山林神等众”，下层两组人物榜题分别为“后土圣母等众”“五岳圣帝等众”。

此幅水陆画画面左下角有功德记框，施以红色，上有墨书功德记，所记主要内容为信士姓名与所布施的钱款数量。从功德记首句“平阳府临汾县各里不同”可知此幅画轴来自山西平阳府，即现今的晋南临汾地区。

后土圣母呈立姿，双手合十，两侧侍女捧香炉及宝盒。后土形象无论从服制还是风格上都继承了晋南道教壁画的传统，所戴凤冠中央也装饰有卦象符号，着交领黄衣，有绿色镶边，戴璎珞珠串，广袖边缘有羽翼装饰。后土形象在图像生成层面超越了宗教的藩篱，由于画工及粉本的地区传承，在佛、道教图像中展现出地方风格的一致性。

图4-6　平阳府水陆画一轴

图 4-7　水陆画局部　后土圣母等众

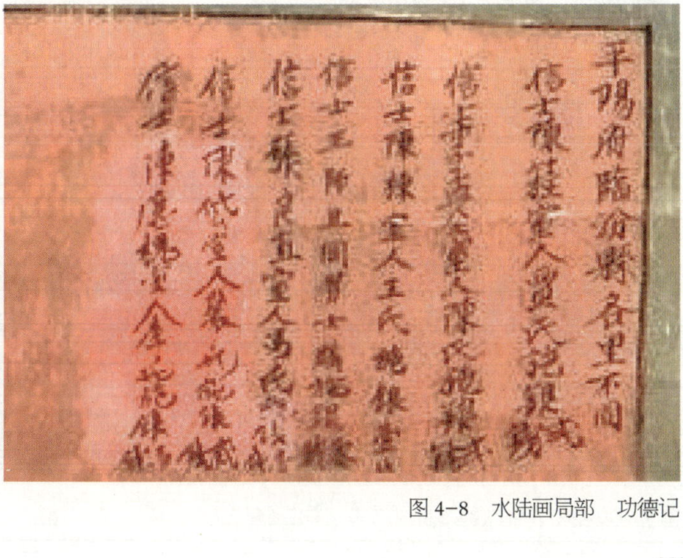

图 4-8　水陆画局部　功德记

6. 武威市博物馆藏水陆画轴及局部后土组像

（明晚期拓本　纸本墨拓　长 135 厘米　宽 69 厘米　武威市博物馆藏）

武威市博物馆所藏的此轴水陆画为纸本墨拓水陆画，画面人物共 4 组，均有榜题。上层为“后土圣母之神”，中层分别为“五岳帝君神众”“江河淮济四渎龙神”，下层为“京府州县城隍等众”。

墨拓水陆画形式特殊，较为罕见，后土圣母戴花冠，发髻簪花，着圆领云纹长袍，袖口有羽饰。双手持笏板，行于云中。两侧侍女一捧香炉，一捧宝盒。

图 4–9　武威市博物馆藏水陆画局部　后土圣母之神

图 4-10　武威市博物馆藏水陆画轴

7. 武威市博物馆藏金妆上彩水陆画轴及局部后土组像

【明晚期拓本　道光十年（1830）金妆上彩　纸本墨拓施彩　长 135 厘米　宽 69 厘米　武威市博物馆藏】

武威市博物馆所藏的此轴水陆画为纸本墨拓后又施彩的作品，与本书展示的纸本墨拓未上彩的画轴传拓自同一方水陆刻石。

画面人物 4 组，上层是“后土圣母之神”，中层两组分别为“五岳帝君神众”“江河淮济四渎龙神”，下层为“京府州县城隍等众”。

纸本墨拓水陆画进行金妆重裱、局部施彩的工作流程较为复杂，是先将黑白墨拓水陆画中人物的面部、手、足部分平涂肤色，而明王等护法神肤色则选用青色、绿色，之后将发冠、璎珞、裙带、持物等局部区域施以石青、石绿、褐色等重彩，最后再进行人物及物品线条的泥金勾勒。

画面最上层一组人物是后土圣母与两位侍女，其面部涂以肉色，发饰施以石青、石绿，后土圣母领口、袖口涂以石绿，侍女涂石青色。

图 4-11　武威市博物馆藏金妆上彩水陆画轴局部　后土圣母之神

图 4-12　武威市博物馆藏金妆上彩水陆画轴

8. 武威市博物馆藏绢本后土皇地祇轴

【清雍正四年（1726）　绢本重彩　长155厘米　宽82厘米　武威市博物馆藏】

武威市博物馆所藏此堂道教斋醮画为清雍正四年（1726）本地画师杨先声所绘。据谢生保考察，这堂画轴可能用于道教的黄箓斋仪式，收纳画轴的箱子原有红纸墨书："供奉黄箓神像全幅（大字）。黄箓帧子柒拾轴，内有遗失者数轴。经理人刘澄徐口，道光二十一年九月二十八日（小字）。"现存画轴共67幅，原藏于武威玉皇庙。[1]

此堂斋醮画风格统一，尺幅相近。主尊人物头顶均有华盖，周围环绕彩色祥云，画幅下四分之一地面均绘有绿色或青色方砖，方砖内部有团形仙鹤纹、仙鹤衔芝草纹、云纹、龙纹等纹饰。

后土皇地祇白净慈祥，戴冕旒冠，着蓝色长袍，上有金色暗纹，持笏板，以方巾遮手。坐于金色龙椅之上，有圆形白色头光，内圈蓝色晕染。周身彩云围绕，神圣祥和。

1　参见谢生保：《甘肃河西道教黄箓图介绍》，李凇主编：《道教美术新论》，山东美术出版社2008年版，第350页、第359页。

图 4-13　武威市博物馆藏绢本后土皇地祇轴

9. 武威市博物馆藏纸本后土皇地祇轴

（清代　纸本重彩 长142厘米　宽70厘米　武威市博物馆藏）

武威市博物馆藏有清代纸本道教斋醮画一堂，此轴即属其中之一。此堂斋醮画均为重彩，线条流畅，绘制精美，纸质平滑细腻。

根据轴题文字显示，此轴后土皇地祇在道场中被布置在“外殿东廊”，与之一同布置的还有四御中的其他三位以及天地水三官等神祇。

后土皇地祇为女像，面白丰润，戴冕旒冠，上有十二串珠的旒，着帝王袍服，衣服上有金色龙纹，持绿色笏板，坐在高背屏御座上，御座背屏上有绿底金色团龙纹。御座背屏顶端左右伸出龙头装饰，龙口衔较长华丽珠串装饰。以淡黄色素底为背景，后土皇地祇头顶有华丽宝盖。

图 4-14　武威市博物馆藏纸本后土皇地祇轴

10. 北京白云观藏后土皇地祇轴

（清代　绢本重彩　长 180 厘米　宽 83.5 厘米　北京白云观藏）

北京白云观是一座重要的道教宫观，收藏有诸多道教斋醮卷轴画。白云观前身为唐代天长观，金改称太极宫，蒙元时期丘处机谒见成吉思汗回京后，改为长春宫。明代易名为白云观，沿袭至今。白云观作为道教全真龙门派祖庭，地位重要，观内收有斋醮画近 300 轴。

白云观作为一座十方丛林，所藏斋醮画构成比较复杂，诸多画轴并不同属一堂。一个题材往往有多幅画轴，且风格构图不一。纵览白云观所藏斋醮画，能分出几套图像系统，所见以清代为主，少量为明代作品，还有一些民国画轴。

此轴后土皇地祇面容秀美，戴冕旒冠，穿暗纹绿袍，持绿色笏板，以方巾遮手。坐在高背屏御座上，御座圈椅两端为华丽龙头装饰，背屏顶端左右亦有龙头装饰，龙口衔珠串。有较大圆形黄色头光。后土前方有较小二真人持笏板侍立，戴如意冠，有圆形白色头光。此轴整体背景淡黄色，遍布白色云纹。

图 4-15　北京白云观藏后土皇地祇轴

11. 大观仓艺术博物馆藏四御青龙白虎轴及局部后土图像

【清代　纸本重彩

（1）长 155 厘米，宽 75.5 厘米

（2）长 156 厘米，宽 76 厘米　湖南省长沙市大观仓艺术博物馆藏】

大观仓艺术博物馆藏这两幅卷轴画为长江中下游地区的道教斋醮画，主尊为四御，与青龙、白虎神将分别绘于两轴，人物两两对应，推测在实际使用时，这两幅画轴也分别悬挂在道场东西两侧，位置对称。

图 4-17 所绘主要人物三位，自上至下分别为勾陈大帝、后土皇地祇与白虎神将。勾陈大帝戴冕旒冠，穿龙纹黑袍，一手拈须，一手持白色笏板。后土戴冕旒冠，穿龙纹红袍，双手交握笏板。白虎神将面白有须，戴金冠，着武官袍服，一手持剑，其脚边有一白色老虎回首而望。

图 4-18 所绘主要人物三位，自上至下分别为紫微大帝、玉皇大帝与青龙神将。紫微大帝戴冕旒冠，穿龙纹黄袍，手持白色笏板。玉皇大帝戴冕旒冠，穿龙纹黑袍，双手交握笏板。青龙神将面黑络腮胡，戴金冠，着武官袍服，一手持枪，脚边有青龙，龙口吐一火焰宝珠。

画轴中主要人物均有圆形红色头光，头光外圈为白色。两轴画面上层各有一打幡侍者，中层主要人物背后均有一打扇侍女，有圆形青色头光。画面天空蓝色，有浓密黄色云纹，画面底端各有一仙桃。

图 4–16　大观仓艺术博物馆藏四御青龙白虎轴及局部后土图像

图 4-17　勾陈大帝、后土皇地祇、白虎神将

图 4-18　紫微大帝、玉皇大帝、青龙神将

12. 四川江津地区斋醮画轴

（清代　纸本重彩　四川省江津市李市镇骑龙村 神霄派陈树辉道士坛班藏）

江津市位于巴蜀之地，李市镇是江津市下辖的一个乡级镇，该地民俗重丧葬，丧葬时多请道士做法事。这些南方正一派的道士为火居道士，往往组成道士班，为民众承办各类斋醮仪式，这两轴斋醮画就是当地陈树辉道士坛班在九天丧葬仪式上布置使用的。

这两幅画轴构图相互对称，共有八位人物。最上方左右二位为女性，面部特征相似，仅衣饰色彩不同。中部为面部相似的四位男性，均戴冕旒冠，呈坐姿，方巾遮手持笏板。最下方左右各有一神将，均着武将袍服，左图为白虎神将，面部白净有须，脚前有一较小白虎，右图为青龙神将，脚前有一小青龙。八位人物均有圆形红色头光，头光外圈为白色。整体背景天空为蓝色，布满彩色祥云。

戴冕旒冠的这四男二女可能继承了宋以来的四帝二后图像模式，两位女性之一即是后土皇地祇。后土为站立姿势，戴冕旒冠，手持笏板，以方巾遮手，有头光。

地方图像可能有着早期的来源，然而随着时日已久，该地画师乃至道士本身可能对画中神祇身份都已不了解，故模糊称之为“三清左臣”“三清右相”。

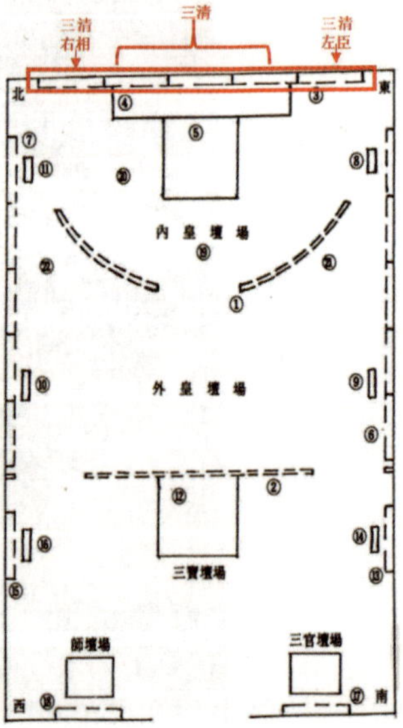

图 4-19　九天丧葬仪道场示意图

图 4-20　三清右相

图 4-21　三清左臣

图 4-22　画轴线描图

版　画

版画作品中出现后土的形象，主要分成以下几种情况：

（1）文学作品插图。由于印刷业发展兴盛，元明以来产生了大量坊刻本小说、戏曲等通俗文学，其中就有多种搜罗儒释道三教诸神并叙述神仙事迹的作品，这些著作往往配有插图以吸引读者，其中的一些著作有后土条目，叙述后土神祇源流，并配以插图。时代较早的如元代中后期建阳书坊所刊刻的《新编连相搜神广记》，明代如《三教源流搜神大全》等。

（2）水陆画粉本。粉本意为画稿，是作画时依据的小样，往往在民间画工中师徒相授，可供画工长期使用。中古以来，随着佛道信仰不断扩展，佛寺道观不断修建，绘制壁画的需求也在增加。此外，做法事有时也悬挂卷轴画，制作卷轴画也需要图像以参考。这样，粉本就大量产生了，如克利夫兰艺术博物馆所藏的《道子墨宝》可能就是粉本。水陆画的粉本有些刊刻成册，便于携带流传，如郑振铎先生所藏《水陆道场神鬼图像》刻本及私人藏家所藏《万象水陆》明成化刻本，从所画内容、榜题等特征看，应该就是水陆画所使用的粉本，其中就包括有后土圣母的图像。

（3）民间民俗版画。民众逢年节及婚丧嫁娶时，常喜欢祭神酬拜，就产生了“纸马”“全神图”一类的民俗版画，其中就有后土形象。纸马又称“甲马”，赵翼《陔余丛考》“纸马”条云：“俗于纸上画神像，涂以彩色，祭赛即毕则焚化，谓之甲马。以此纸为神所凭依，似乎马也。”[1]民众酬神祭祀结束后往往将之焚烧，以便将祝愿上达天听。

1　赵翼：《陔余丛考》卷三十，中华书局 1963 年版，第 635 页。

1.《新编连相搜神广记》后土皇地祇像

【(元)秦子晋编　元中后期刻本　中国国家图书馆藏】

元代刻本《新编连相搜神广记》共有前后两集，题为秦子晋编订。此刻本 14 行，满行 24 字，黑口，四周双边。书内所收神祇共 57 位，各有配图，图后文字叙述神仙名号、源流。

现所见中国国家图书馆所藏该元代刻本，可能最早由郑振铎购得，后归入北京图书馆，即中国国家图书馆的前身。据贾二强教授考证，“此《搜神广记》称元作圣朝，复有至元、大德、延祐年号，其成书应不早于元中期。又据其字体版式，谓出元中后期建阳坊间当不误”[1]。可知此元刻本应为元中后期建阳书坊所刻。

前集中有后土皇地祇配图。后土呈后妃的样貌，立姿，戴凤冠，着交领袍服，有披帛飘扬身周，有梳双髻的侍女侍立两侧，其中一位侍女捧盘，盘中有花。后土与二侍脚踏祥云，身后亦有云纹。

1　贾二强：《叶覆明刻〈三教源流搜神大全〉探源》，黄永年主编：《古代文献研究集林》第二集，陕西师范大学出版社 1992 年版，第 231 页。

图 5-1　《新编连相搜神广记》后土皇地祇像

2.《万象水陆》后土圣母像

（明成化刻本　私人收藏）

《万象水陆》一函二册，分为右画本与左画本两卷。版框高 25.2 厘米，宽 16.3 厘米，四周双边。

后土圣母戴凤冠，着交领长袍，一手持行炉，一手拈身侧小鬼头顶盘内宝珠。一侍女打幡，幡上写明榜题，一侍女侍立，一侍女打扇。后土圣母插图版框左上角有“右十五”字样。

《万象水陆》可能是佛教水陆画所依据的粉本。“右十五”可能是指水陆画在空间中的位置。该刻本图像从构图到细节都与山西省大同市浑源县永安寺传法正宗殿西壁榜题为“后土圣母”的一组人物一致，也与河北省蔚县重泰寺“后土圣母”壁画相似。且据《中国佛教版画全集补编》第 18 卷介绍，《万象水陆》发现于山西、河北一带[1]，推测其可能是晋冀地区流传的水陆画粉本。

1　参见翁连溪、李洪波主编：《中国佛教版画全集补编》第 18 卷，中国书店出版社 2017 年版，《叙录》，第 2 页。

图 5-2　《万象水陆》后土圣母像

3.《新刻出像增补搜神记》后土皇地祇像

【明万历二十一年（1593）刻本　日本内阁文库藏】

《新刻出像增补搜神记》共六卷，为明万历二十一年（1593）金陵唐氏富春堂刊刻，现藏于日本内阁文库。此刻本 11 行，满行 20 字，白口，四周单边。

全书收录神仙 171 位，神仙均有配图，图后以文字说明神仙源流事迹。卷一起首还有“儒氏源流”“释氏源流”“道教源流”统领全书。据贾二强教授考证，此书源出元本《新编连相搜神广记》。[1]

卷一有“后土皇地祇”条及配图，后土坐于辇车之上，面容慈祥，褒衣博袖，辇车顶部有凤鸟装饰。左右各有一侍者打扇侍立，扇面绘凤鸟云气。整体场景并非云中，而是在有山石树木的野外，辇车之上有云气环绕。

1　参见贾二强：《叶覆明刻〈三教源流搜神大全〉探源》，黄永年主编：《古代文献研究集林》第二集，陕西师范大学出版社 1992 年版，第 232 页。

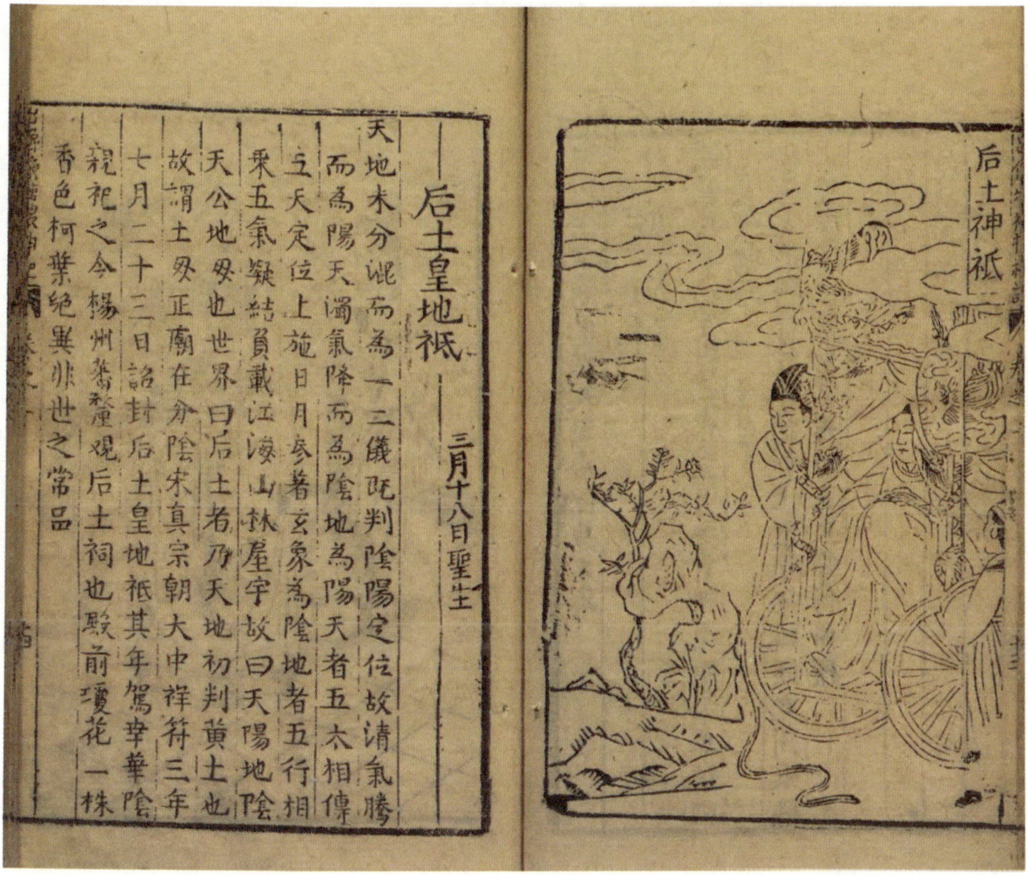

后土皇地祇

三月十八日聖生

天地未分混而為一二儀旣判陰陽定位故清氣騰而為陽天濁氣降而為陰地為陽天者五太相傳立天定位上施日月參着玄象為陰地者五行相乘五氣凝結負載江海山林屋宇故曰天陽地陰天公地母也世界曰后土者乃天地初判黄土也故謂土母正廟在汾陰宋真宗朝大中祥符三年七月二十三日詔封后土皇地祇其年駕幸華陰親祀之今楊州蕃釐觀后土祠也殿前瓊花一株香色柯葉絶異非世之常品

图 5-3　《新刻出像增补搜神记》后土皇地祇像

4.《三教源流搜神大全》后土皇地祇像

【清康熙元年（1662）刻本　中国国家图书馆藏】

《三教源流搜神大全》共四卷，晋干宝撰文，清如林重增。白口，单鱼尾，四周单边，版框高 23.3 厘米，宽 19.3 厘米。

有清一代是书版本较多，可能是书坊以明代坊刻本为底本，增改刊刻而来。此为清初刻本，收录神仙 102 位，每位神仙有插图，页面内书写神祇名称。

卷一有“后土皇地祇”配图，为二男性。画面右边男子站于树下，戴通天冠，方心曲领，举右臂；左边男子梳双发髻，裤腿挽起，手撑农具，站在水田中。整体画面程式化，人物面部及细节较为简略。

图 5-4　《三教源流搜神大全》后土皇地祇像

5.《历代神仙通鉴》后土像

（清康熙时期刻本　中国国家图书馆藏）

《历代神仙通鉴》，又名《三教同源录》，共二十二卷，清徐道编，戴峻绘图。此刻本10行，满行22字，白口，四周单边，版框高20.5厘米，宽13.7厘米。版心上方书“神仙鉴像”，下方书“华藏图”。卷一首页右下有“古岩戴峻写”，为原刊本画师姓名。是书由徐道于清康熙年间编成，约康熙三十九年（1700）左右受人资助刊刻。

此刻本收录儒释道人物297位，采缀资料撰其事迹，神仙配有插图，多为几位合绘一图，插图共120余幅，独立于正文之前，版框外书神仙名称。

首集卷一有“上元、后土”插图，二者绘于一页，均行云中，后土梳高发髻，上有钗饰，着长袍披帛，拢袖腹前。线条流畅，自然生动。

图 5-5　《历代神仙通鉴》后土像

6.《历代神仙通鉴》后土像

(清乾隆时期刻本　中国国家图书馆藏)

《历代神仙通鉴》二十二卷，目录一卷，清徐道编。此刻本 10 行，满行 22 字，小字双行同。白口，单鱼尾，四周单边，版框高 20.6 厘米，宽 13.6 厘米。版心上方书“神仙鉴像”，下方书“华藏图”。卷一首页右下有“古岩戴峻写”。原刊本为清康熙时期所刻，此本应是以原刊本为底本覆刻而成。

此刻本收录儒释道人物 293 位，采缀资料撰其事迹，神仙配有插图 120 余幅，独立于正文之前，版框外书神仙名称。

首集卷一有“上元、后土”插图，二者绘于一页，均行云中，后土梳高发髻，上有钗饰，着长袍披帛，拢袖腹前。人物面部、手脚细节不如清康熙时期刻本精细。

图 5–6 《历代神仙通鉴》后土像

7.《历代神仙通鉴》后土像

(清道光时期刻本　中国国家图书馆藏)

《历代神仙通鉴》共二十二卷，目录一卷，清徐道编。此刻本 10 行，满行 22 字，小字双行同。白口，单鱼尾，四周单边，版框高 20.5 厘米，宽 13.7 厘米。版心上方书“神仙鉴像”，下方书“华藏图”。此本以清初原刊本为底本覆刻而成，内容有残缺，质量较差，文字笔画有残断，人物线条杂乱简略。

此刻本收录儒释道人物 276 位，采缀资料撰其事迹，神仙配有插图 100 余幅，独立于正文之前，版框外书神仙名称。

首集卷一有“上元、后土”插图，二者绘于一页，均行云中，后土梳高发髻，上有钗饰，着长袍披帛，拢袖腹前。

图 5-7 《历代神仙通鉴》后土像

8.《绘图三教源流搜神大全》后土皇地祇像

【清宣统元年（1909）叶德辉覆刻本　中国国家图书馆藏】

《绘图三教源流搜神大全》七卷，为清代叶德辉以藏书家缪荃孙所藏明代《三教源流搜神大全》七卷本覆刻而成，光绪三十四年（1908）叶氏借出重刊，宣统元年（1909）告竣，又称“郎园刻本”。此本14行，满行28字，白口，左右双边。全书收录神仙132位，神祇各有图像，图后有文字叙述神仙源流。此清叶氏《绘图三教源流搜神大全》覆刻本的底本为明刻本，有晚明坊刻俗书的特征，并且应该因袭了明代坊刻《有像列仙全传》《新刻出像增补搜神记》，追溯其源头可能为元刻本《新编连相搜神广记》[1]。

卷一“后土皇地祇”条插图为二男性。画面右边男子站于树下，戴通天冠，着官服，外衣领为方心曲领，一手前指；左边男子衣着朴素，仅梳发髻，裤腿挽起，一手撑农具，站在水田中，似与右边男子交谈。

1　参见贾二强：《叶覆明刻〈三教源流搜神大全〉探源》，黄永年主编：《古代文献研究集林》第二集，陕西师范大学出版社1992年版，第234页。

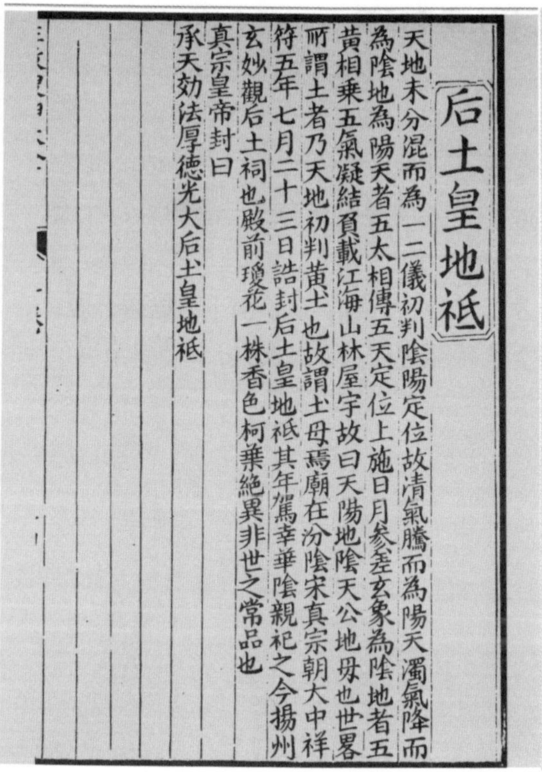
后土皇地祇

天地未分混而為一二儀初判陰陽定位故清氣騰而為陽天濁氣降而為陰地為陽天者五太相傳五天定位上施日月參差玄象為陰地者五黃相乘五氣凝結負載江海山林屋宇故曰天陽地陰天公地母也世畧所謂土者乃天地初判黃土也故謂土母焉廟在汾陰宋真宗朝大中祥符五年七月二十三日詔封后土皇地祇其年駕幸華陰親祀之今揚州玄妙觀后土祠也殿前瓊花一株香色柯葉絕異非世之常品也

真宗皇帝封曰

承天效法厚德光大后土皇地祇

图 5-8　《绘图三教源流搜神大全》后土皇地祇像

9.《三教源流圣帝佛帅搜神大全》后土皇地祇像

(清刻本　中国国家图书馆藏)

《三教源流圣帝佛帅搜神大全》七卷，白口，单鱼尾，四周单边。此为清刻本，收录神仙 87 位，配有插图。此刻本人物形象与构图与清初本、叶氏刻本相似，但不及叶本精善。

卷一有“后土皇地祇”条及配图，为二男性，一男子站于树下，戴通天冠，方心曲领，右手前指；左边男子梳双发髻，裤腿挽起，手撑农具，站在水田中。两人似是在交谈。

图 5–9 《三教源流圣帝佛帅搜神大全》后土皇地祇像

10.《绣像搜神记》后土皇地祇像

（清末同文堂刻本 中国国家图书馆藏）

《绣像搜神记》四卷，清如林增。白口，单鱼尾，四周单边，版框高 14 厘米，宽 11 厘米。版心上方书“搜神记图”。

此刻本收录神仙 101 位，配有插图，版框内书神仙名称，人物形象粗陋，线条简洁，有民间纸马绘画风格，应是民间书坊所刊刻。

卷一有“后土皇地祇”插图，为二男性。右边男子着长袍，举右臂；左边男子戴斗笠状小帽，手抵农具，站在田中。

图 5-10　《绣像搜神记》后土皇地祇像

11.《绣像搜神记》后土皇地祇像

（清末两仪堂刻本　中国国家图书馆藏）

《绣像搜神记》二卷，白口，单鱼尾，四周单边，版框高 14 厘米，宽 11 厘米。版心上方书“搜神记图”。

此刻本收录神仙 101 位，配有插图，版框内书神仙名称，人物形象与同文堂刻本相似，应为清末民间坊刻。

卷一有“后土皇地祇”插图，为二男性。右边男子着长袍，举右臂；左边男子戴斗笠状小帽，手扺农具，站在田中。

图 5-11 《绣像搜神记》后土皇地祇像

12. 清代北京地区后土皇帝纸马

（清代　墨版印刷施彩　长 38 厘米　宽 29 厘米　王树村先生藏）

纸马发展历史源远流长，全国各地都有印制，到了清代，纸马更是应用于民俗生活的方方面面，展现了丰富的民俗文化。

这幅纸马出自清代北京地区，在单色印刷的基础上，又施以彩绘。画面最上方正中为“后土皇帝”四字，涂以红色，两侧涂蓝色。正中体量最大的人物即是后土，戴通天冠，手持笏板，双目下视，端庄慈祥。后土四周施以红色，耳边条带涂紫色。其左右各有二女官、二侍者站立，女官戴翘脚幞头，捧物；侍者戴进贤冠，持笏板。后土前有条案，其上布置有香烛、鼎尊等物。

另外还有“玉皇上帝”“紫微大帝”等纸马，从风格色彩等方面判断，应与此“后土皇帝”为一套。

图 5-12　清代北京地区后土皇帝纸马

13. 清代北京地区后土皇帝纸马

(清代　墨版印刷施彩　长37厘米　宽30.5厘米　重庆中国三峡博物馆藏)

此幅清代纸马同样来自北京地区，画面正中书“后土皇帝”四字，涂以红色，后土戴通天冠，手持笏板，双目下视。左右各有二女官、二侍者站立，前有香案。

此幅与上幅王树村先生藏清代北京纸马有着类似的构图，施彩也较为类似。但图像细节并不一致，人物面部特征均有差异，供桌物品形制也略有不同，可知两幅北京纸马虽然共享类似的构图模式，但并非出自同一刻版，由此也可见北京纸马业的繁盛。

图 5-13 清代北京地区后土皇帝纸马

14. 民国时期北京地区后土皇帝纸马

（民国　墨版印刷施彩　长 28.5 厘米　宽 27.2 厘米　重庆中国三峡博物馆藏）

此幅民国时期纸马也是北京地区所作，画面正中有“后土皇帝”四字，涂以红色，后土戴通天冠，手持笏板，左右有侍女、侍者，前有香案。

图 5-14　民国时期北京地区后土皇帝纸马

15. 民国时期浙江地区后土真君纸马

（民国　墨版印刷施彩　长 26 厘米　宽 22 厘米　重庆中国三峡博物馆藏）

现今所见的清代、民国纸马中，北方遗存的纸马以北京地区所制为主，南方则多出自江苏无锡、苏州、浙江杭州等地。

此幅纸马出自浙江杭州，画面最上方正中书“后土□君”四字，推测为“后土真君”。正中所立人物为后土，戴通天冠，手持笏板，袍服上有纹饰。后土四周有四位侍女侧立。在后土头身部位点染有红色斑块。

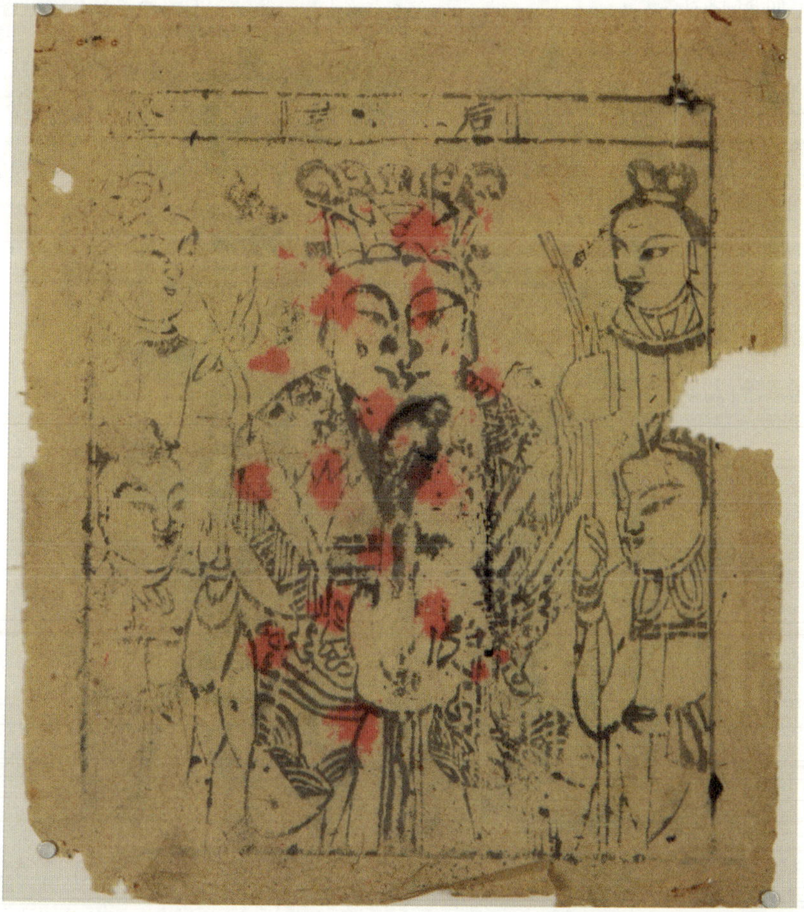

图 5-15　民国时期浙江地区后土真君纸马

16. 天地九佛诸神年画及局部后土像

（清代　纸本施彩）

民间过年时常有祭祀三界诸神的风俗，故而产生了诸多《全神图》《诸神图》年画。这些年画上有诸多三教群神、民间俗神形象，并施以彩绘，祭拜后还会将年画焚烧祈福。

此年画顶部有题额“天地九佛诸神”，人物分层排列，均有榜题。画面第二层为三清，第三层为四御，其中就有后土。

画面第三层最左的女性榜题为“后土”，即四御之一，后土皇地祇。后土戴冕旒冠，着绿袍，持笏板，其形象较为程式化，除了面部无须外，图像特征与相对称的勾陈无异。

图 5-16　天地九佛诸神年画局部　后土像

图 5-17　天地九佛诸神年画

主要参考文献

一、图书

壁画艺术博物馆编：《山西古代壁画珍品典藏》（全八卷），山西经济出版社 2016 年版。

陈凤编著：《晋祠宋代彩塑》，山西人民出版社 2014 年版。

戴晓云：《天地冥阳水陆仪文校点》，中国社会科学出版社 2014 年版。

丁山：《古代神话与民族》，商务印书馆 2005 年版。

河北省古代建筑保护研究所编：《昭化寺》，文物出版社 2007 年版。

河北省文物研究所、蔚县博物馆编：《故城寺壁画》，科学出版社 2011 年版。

胡春涛：《道教壁画艺术研究：以北方寺观为中心的考察》，广西美术出版社 2018 年版。

胡文和：《中国道教石刻艺术史》，高等教育出版社 2004 年版。

景安宁：《元代壁画——神仙赴会图》，北京大学出版社 2016 年版。

雷闻：《郊庙之外：隋唐国家祭祀与宗教》，生活·读书·新知三联书店 2009 年版。

李巳生编：《中国石窟雕塑全集第七卷·大足》，重庆出版社 1999 年版。

丽江纳西族自治县文化局、丽江纳西族东巴文化博物馆编：《丽江白沙壁画》，四川人民出版社 1999 年版。

李凇：《神圣图像》，人民出版社 2016 年版。

李信军主编：《水陆神全——北京白云观藏历代道教水陆画》，西泠印社 2011 年版。

李养正编著：《新编北京白云观志》，宗教文化出版社 2003 年版。

民乐县文物局、民乐县博物馆编：《民乐水陆画》，敦煌文艺出版社 2013 年版。

品丰、苏庆编著：《稷山青龙寺壁画·洪洞水神庙壁画·汾阳圣母庙壁画》，重庆出版社 2001 年版。

山西省博物馆编：《宝宁寺明代水陆画》，文物出版社 1985 年版。

王秋桂总编：《中国传统科仪本汇编》，（台北）新文丰出版股份有限公司 1999 年版。

王树村：《迎春福祉》，北京工艺美术出版社 2008 年版。

王宜峨主编：《中国明清儒道释人物图像研究》，湖南美术出版社 2021 年版。

翁连溪、李洪波主编：《中国佛教版画全集补编》（第十八卷），中国书店出版社 2017 年版。

翁连溪、李洪波主编:《中国道教版画全集》,中国书店出版社 2019 年版。

萧登福：《后土地母信仰研究》，（台北）新文丰出版股份有限公司 2015 年版。

萧军：《永乐宫壁画》，文物出版社 2008 年版。

杨平：《典藏中国 · 山西壁画》，浙江摄影出版社 2018 年版。

杨平：《典藏中国 · 山西彩塑》，浙江摄影出版社 2018 年版。

殷伟：《神像年画》，清华大学出版社 2016 年版。

詹鄞鑫:《神灵与祭祀:中国传统宗教综论》,江苏古籍出版社 1992 年版。

张建德编著：《永安寺壁画》，中国林业出版社 2016 年版。

张明远：《太原龙山道教石窟艺术研究》，山西科学技术出版社 2002 年版。

金维诺编：《中国寺观雕塑全集》（四），黑龙江美术出版社 2005 年版。

二、论文

陈文龙：《试论山西介休后土庙道教建筑群之管理》，《世界宗教文化》2010 年第 4 期。

邓昭：《永乐宫三清殿壁画女主神身份辨析》，李凇主编：《山西寺观壁画新证》，北京大学出版社 2011 年版。

傅静：《宿州市博物馆馆藏铜造像——后土娘娘像赏析》，《文物鉴定与鉴赏》2018 年第 16 期。

高明：《陕西耀县药王山南庵道教壁画初探》，《世界宗教研究》2007年第3期。

耿纪朋：《山西永乐宫三清殿〈朝元图〉壁画八位主尊新考》，《艺术探索》2017年第2期。

谷东方：《山西平顺金灯寺第5窟明代水陆浮雕辨识》，《石窟寺研究》第十辑，科学出版社2020年版。

侯慧明：《繁峙公主寺水陆画神祇构图及考订》，《山西档案》2014年第2期。

贾二强：《叶覆明刻〈三教源流搜神大全〉探源》，黄永年主编：《古代文献研究集林》第二集，陕西师范大学出版社1992年版。

李凇：《浮山县老君洞道教图像的调查与初步研究》，李凇主编：《山西寺观壁画新证》，北京大学出版社2011年版。

梁韵彦：《帝制国家的神祇服制：以晋祠圣母像为中心的讨论》，《装饰》2021年第7期。

廖咸惠：《唐宋时期南方后土信仰的演变——以扬州后土崇拜为例》，《汉学研究》1996年第2期。

廖旸：《陕西延长七里村石窟造像辨识——兼论道教语境中的炽盛光佛》，《敦煌研究》2020年第5期。

马梦莹：《明清佛教水陆画与道教斋醮画图像表现异同辨析》，《艺术与民俗》2023年第3期。

沈晓东：《汾阳太符观玉皇殿壁画图像的调查与初步研究》，李凇主编：《山西寺观壁画新证》，北京大学出版社2011年版。

沈旸：《山西后土庙建筑遗存探析》，《兰州理工大学学报》2011年第37卷。

［日］松尾恒一：《日本华侨公墓与后土、土地神信仰——旅日华侨社会的历史和记忆之表象》，《徐州工程学院学报》2016年第2期。

孙博：《稷山青龙寺壁画研究——以腰殿水陆画为中心》，《中国美术研究年度报告2010》，人民美术出版社2011年版。

王琛发：《南洋华人墓园的后土崇拜》，《中华礼仪》总第26期，2012年。

王逊：《永乐宫三清殿壁画题材试探》，《文物》1963年第8期。

武丽敏：《汾阳田村圣母庙壁画绘制年代及主神考》，李凇主编：《山西寺观壁画新证》，北京大学出版社2011年版。

萧登福：《后土与地母——试论地土诸神及地母信仰》，《运城学院学报》2005年第1期。

谢生保：《甘肃河西道教黄箓图介绍》，李凇主编：《道教美术新论》，山东美术出版社2008年版。

熊雯：《繁峙县公主寺水陆画研究——以东西壁神祇内容及排布为中心》，李凇主编：《山西寺观壁画新证》，北京大学出版社2011年版。

尹翠琪：《从高淳清代神像画试析道教神谱的图像结构》，《美术大观》2022年第1期。

尹虎彬：《浅谈后土与后土崇拜》，《青海社会科学》2012年第2期。

尉彦超：《从"官方祭祀"到"民间信仰"——晋南后土崇拜流变》，《寻根》2019年第2期。

赵伟：《永乐宫壁画中的朝元队列》，《美术大观》2021年第12期。

三、外文文献

Catherine Delacour, *La Voie du Tao: Un Autre Chemin de L'etre: Galeries Nationales, Grand Palai*s, 29 Mars-5 Juillet 2010, Editions de la Reunion des Musees Nationaux: Musée Guimet, 2010.

Lennert Gesterkamp, *The Heavenly Court: Daoist Temple Painting in China, 1200-1400*, Leiden: Brill, 2011.

Jing Anning, *The Yongle Palace: The Transformation of the Daoism Pantheon during the Yuan Dynasty (1260-1368)*, Ph.D. diss., Princeton University, 1993.

图片来源

图 1-1《江苏铜山丘湾古遗址的发掘》，《考古》1973 年第 2 期。

图 1-2 https://auction.artron.net/paimai-art0049653371.

图 1-3 甘肃省文物考古研究所编：《酒泉十六国墓壁画》，文物出版社 1989 年版。

图 1-4、1-5 https://www.zhihu.com/question/309820689/answer/1113660061.

图 1-6、1-7 《中华后土文化·宫庙卷》，山东大学出版社 2024 年版。

图 1-8 叶育伦提供，摄于 2022 年。

图 1-9 ［日］松尾恒一：《日本华侨公墓与后土、土地神信仰——旅日华侨社会的历史和记忆之表象》，《徐州工程学院学报》2016 年第 2 期。

图 1-10 胡文和：《中国道教石刻艺术史》（下），高等教育出版社 2004 年版，第 103 页。

图 1-11 萧军：《永乐宫壁画》，文物出版社 2008 年版，第 130 页。

图 1-12 品丰、苏庆编著：《稷山青龙寺壁画·洪洞水神庙壁画·汾阳圣母庙壁画》，重庆出版社 2001 年版，第 2 页。

图 1-13 宿亚光提供，摄于 2022 年。

图 1-14 陈凤编著：《晋祠宋代彩塑》，山西人民出版社 2014 年版。

图 1-15 https://api.artic.edu/api/v1/artworks/27507/manifest.json.

图 1-16 编者摄于 2019 年。

图 1-17 《民乐水陆画》，敦煌文艺出版社 2013 年版，第 45 页。

图 1-18 《水陆神全——北京白云观藏历代道教水陆画》，西泠印社 2011 年版，第 60 页。

图 1-19 《中国明清儒道释人物图像研究》（下），湖南美术出版社 2021 年版，第 16 页。

图 1-20、1-21 《上清灵宝济度大成金书》卷二五，哈佛大学图书馆藏明宣德七年刻本。

图 1-22 编者制作。

图 1-23 晋之源壁画艺术博物馆提供。

图1–24《中国寺观壁画全集》卷三，广东教育出版社2011年版，第69页。

图1–25 山西省博物馆编：《宝宁寺明代水陆画》，文物出版社1985年版，图版第98。

图1–26 大观仓艺术博物馆提供。

图1–27 高淳县文化局编：《明清道教神像画》，南京出版社2006年版，第8页。

图1–28 编者制作。

图1–29 翁连溪、李洪波主编：《中国道教版画全集》九六卷，中国书店出版社2019年版，第22页。

图1–30 翁连溪、李洪波主编：《道教版画全集》第二卷，中国书店出版社2019年版，第221页。

图1–31 《新刻出像增补搜神记》卷一，日本内阁文库藏金陵唐氏富春堂明刊本。

图1–32 王祯著，孙显斌、攸兴超点校：《王祯农书》（上），湖南科学技术出版社2014年版，第40页。

图1–33《中国寺观壁画全集》卷七，广东教育出版社2011年版，第51页。

图2–1 大足石刻研究院罗国家研究员提供。

图2–2 《中国石窟雕塑全集》第七卷《大足》，重庆出版社1999年版，第85页。

图2–3 刘静教授提供，近年拍摄。

图2–4 胡文和：《中国道教石刻艺术史》（下），高等教育出版社2004年版，第104页。

图2–5、2–6 郜虹制作。

图2–7 宿亚光提供，摄于2019年。

图2–8、2–9 胡文和：《中国道教石刻艺术史》（下），高等教育出版社2004年版，第94—95页。

图2–10 郜虹制作。

图 2–11、2–12 李松教授提供。

图 2–13、2–14 陈泽仁提供，摄于 2021 年。

图 2–15 郜虹制作。

图 2–16 高明教授提供，近年拍摄。

图 2–17 郜虹制作。

图 2–18 林达提供，拍摄于 2023 年。

图 2–19 王汉教授提供，摄于 2013 年。

图 2–20 谷东方：《山西平顺金灯寺第 5 窟明代水陆浮雕辨识》，《石窟寺研究》第十辑，科学出版社 2020 年版，第 200 页。线描图郜虹制作。

图 2–21 刘静教授提供，早年拍摄。

图 2–22 宿亚光提供，摄于 2022 年。

图 2–23 郜虹制作。

图 2–24 《典藏中国·山西壁画》，浙江摄影出版社 2018 年版，第 235—236 页。

图 2–25 刘静教授提供，早年拍摄。

图 2–26 胥彭睿劼制作。

图 2–27 沈晓东:《汾阳太符观玉皇殿壁画图像的调查与初步研究》,《山西寺观壁画新证》，北京大学出版社 2011 年版，第 267 页。

图 2–28 陈文龙：《试论山西介休后土庙道教建筑群之管理》，《世界宗教文化》2010 年第 4 期。

图 2–29《中国道教神仙造像大系》, 五州传播出版社 2012 年版, 第 60 页。

图 2–30《中国寺观雕塑全集·明清寺观造像》，黑龙江美术出版社 2005 年版，第 205 页。

图 2–31 郜虹制作。

图 2–32、2–33、2–36、2–37 晋之源壁画艺术博物馆提供。

图 2–34、2–35 《典藏中国：山西彩塑》，浙江摄影出版社 2018 年版，第 253 页。

图 2–38、2–40、2–41、2–42 陈泽仁提供，摄于 2023 年。

图 2-39 郜虹制作。

图 2-43 傅静：《宿州市博物馆馆藏铜造像——后土娘娘像赏析》，《文物鉴定与鉴赏》2018 年第 16 期。

图 2-44 《新编北京白云观志》，宗教文化出版社 2003 年版，第 62 页。

图 2-45、2-46 陈耕博士提供，摄于 2023 年。

图 2-47《中国道教神仙造像大系》，五州传播出版社 2012 年版，第 59 页。

图 2-48 清华大学建筑设计研究院后土庙保护规划提供。

图 2-49、2-50、2-51、2-52、2-53 姜波教授团队提供，摄于 2021 年。

图 2-54、2-55 柴书毓提供，摄于 2021 年。

表 2-1 柴书毓、敬佳鸣、李武勋、李亚慧、梁雅琨、刘怡辰、叶育伦、王琪、王庆安、朱宇璞拍摄。

图 3-1 编者绘制。

图 3-2、3-3 萧军：《永乐宫壁画》，文物出版社 2008 年版，第 163、130 页。

图 3-4、3-5、3-7 胥彭睿劼制作。

图 3-6 、3-8、3-9 景安宁：《元代壁画——神仙赴会图》，北京大学出版社 2016 年版，彩页。

图 3-10 编者绘制。

图 3-11、3-13 孙博：《稷山青龙寺壁画研究——以腰殿水陆画为中心》，《中国美术研究年度报告（2010）》，人民美术出版社 2011 年版，第 80 页。

图 3-12 胥彭睿劼制作。

图 3-14 编者绘制。

图 3-15《中国寺观壁画全集》卷三，广东教育出版社 2011 年版，第 69 页。

图 3-16 编者绘制。

图 3-17 河北省文物研究所、蔚县博物馆编：《故城寺壁画》，科学出版社 2011 年版，第 214 页。

图 3-18 编者绘制。

图 3-19　河北省古代建筑保护研究所编：《昭化寺》，文物出版社 2007 年版，第 187 页。

图 3-20　胥彭睿劼制作。

图 3-21《陕西寺观壁画全集》，陕西人民美术出版社 2018 年版，第 161 页。

图 3-22　高明教授提供，近年拍摄。

图 3-23　胥彭睿劼制作。

图 3-24　李凇：《浮山县老君洞道教图像的调查与初步研究》，李凇主编：《山西寺观壁画新证》，北京大学出版社 2011 年版，第 5 页。

图 3-25、3-26、3-27　李松教授提供，摄于 2000 年左右。

图 3-28　胥彭睿劼制作。

图 3-29《上党寺观壁画》，中国民族摄影艺术出版社 2016 年版，第 95 页。

图 3-30　胥彭睿劼制作。

图 3-31　编者绘制。

图 3-32、3-33　丽江纳西族自治县文化局、丽江纳西族东巴文化博物馆编：《丽江白沙壁画》，四川人民出版社 1999 年版，第 55 页。

图 3-34　云南省文化馆藏 1957 年周霖、李伟卿、郑名垂、阎甫、关山月等作摹本，转引自杨兴吉：《云南大宝积宫明代道教壁画考》，《道教美术新论》，山东美术出版社 2008 年版。

图 3-35　品丰、苏庆编著：《稷山青龙寺壁画·洪洞水神庙壁画·汾阳圣母庙壁画》，重庆出版社 2001 年版，第 2 页。

图 3-36、3-37、3-38、3-39、3-40、3-41　《中国寺观壁画全集》卷七，广东教育出版社 2011 年版，第 77、81、60、65、69、67 页。

图 3-42　陈泽仁提供，摄于 2023 年。

图 3-43　编者绘制。

图 3-44　壁画艺术博物馆编：《山西古代壁画珍品典藏》卷三，山西经济出版社 2016 年版，第 70 页。

图 3-45　编者绘制。

图 3-46、3-47　胡春涛教授提供，近年拍摄。

图 3–48 编者绘制。

图 3–49 张建德编著：《永安寺壁画》，中国林业出版社 2016 年版，第 52 页。

图 3–50 《中国寺观壁画全集》卷三，广东教育出版社 2011 年版，第 208–209 页。

图 4–1 《民乐水陆画》，敦煌文艺出版社 2013 年版，第 45 页。

图 4–2 山西省博物馆编：《宝宁寺明代水陆画》，文物出版社 1985 年版，图版第 98–99。

图 4–3 Catherine Delacour, *La Voie du Tao: Un Autre Chemin de L'etre: Galeries Nationales, Grand Palais*, 29 Mars-5 Juillet 2010, Editions de la Reunion des Musees nationaux: Musée Guimet, 2010, p.217.

图 4–4、4–5 大观仓艺术博物馆提供。

图 4–6、4–7、4–8 《中国书画——翰海晋宝 2008 年艺术品拍卖预览》。

图 4–9、4–10、4–11、4–12、4–13、4–14 武威市博物馆提供。

图 4–15、4–16 《水陆神全——北京白云观藏历代道教水陆画》，西泠印社 2011 年版，第 60 页。

图 4–17、4–18 大观仓艺术博物馆提供。

图 4–19、4–20、4–21 王秋桂总编：《中国传统科仪本汇编》第三册，段明编：《四川省江津市李市镇神霄派坛口科仪本汇编》（上），（台北）新文丰出版股份有限公司 1999 年版，第 192 页。

图 4–22 胥彭睿劼制作。

图 5–1 翁连溪、李洪波主编：《道教版画全集》第二卷，中国书店出版社 2019 年版，第 221 页。

图 5–2 翁连溪、李洪波主编：《中国佛教版画全集补编》第十八卷，中国书店出版社 2017 年版，第 14 页。

图 5–3 《新刻出像增补搜神记》卷一，日本内阁文库藏金陵唐氏富春堂

明刊本。

图 5-4 翁连溪、李洪波主编：《中国道教版画全集》第二十九卷，中国书店出版社 2019 年版，第 153 页。

图 5-5 翁连溪、李洪波主编：《中国道教版画全集》第四十卷，中国书店出版社 2019 年版，第 179 页。

图 5-6 翁连溪、李洪波主编：《中国道教版画全集》第六十卷，中国书店出版社 2019 年版，第 5 页。

图 5-7 翁连溪、李洪波主编：《中国道教版画全集》第七十卷，中国书店出版社 2019 年版，第 83 页。

图 5-8 翁连溪、李洪波主编：《中国道教版画全集》第九十六卷，中国书店出版社 2019 年版，第 22—23 页。

图 5-9 翁连溪、李洪波主编：《中国道教版画全集》第九十七卷，中国书店出版社 2019 年版，第 121 页。

图 5-10 翁连溪、李洪波主编：《中国道教版画全集》第九十五卷，中国书店出版社 2019 年版，第 71 页。

图 5-11 翁连溪、李洪波主编：《中国道教版画全集》第九十五卷，中国书店出版社 2019 年版，第 168 页。

图 5-12 《迎春福祉》，北京工艺美术出版社 2008 年版，第 145 页。

图 5-13、5-14、5-15 重庆中国三峡博物馆提供。

图 5-16、5-17 《重庆中国三峡博物馆藏文物选粹 · 年画》，重庆出版社 2013 年版，第 78 页。

后 记

本书即将付梓，感触良多，最初开始着手编纂本书时的场景还历历在目。2022年春，编者正在准备博士论文正式答辩。那时叶涛教授主持的“中华后土文化与万荣后土祠研究”项目已有“研究综述”等六个子课题，从系统性和完备性考虑，有待增加“中华后土文化图像艺术研究”这一研究方向。在郑岩教授和导师李松教授的推荐下，编者有幸加入了项目组，并顺利完成了以此卷为代表的一系列后土图像研究成果。

在撰写成书方面，必须感谢的是为项目运筹帷幄、苦心经营，对编者谆谆教导、无私信任的叶涛教授。中华后土文化研究这一领域能够取得推动性的学术进展和文化影响，能够出版包括本书在内的《中华后土文化丛书》，叶涛教授居功至首。感谢郑岩、李松两位教授的认可和指导，编者博士期间主要研究道教斋醮画与佛教水陆画，这一课题为编者扩展了学术方向，收获不少心得。感谢在本书编写中期会议时，肖海明馆长以及张从军、郑岩、李松、王加华等教授对本书内容、体例、搜集资料等方面的慷慨指教。感谢与项目组各位负责人老师的学术交流和交叉研究，刘晨老师赐予了尚未发表的学术综述以供参考，刁统菊、姜波、郭俊红等老师无私地提供了相关图像与线索，任雅萱与李梦老师举办的后土文献、文学讲座也使编者受益良多。

在图像搜集方面，本书离不开众多师友的大力支持。由于几次计划中的实地考察都未能成行，并且出于文物保护的考虑，雕塑、壁画、古籍等图像采集也受到种种限制，图册部分的清晰图片就成了难题。幸而得到了众多老师同学、文博界同行和社会友人的积极响应，慷慨贡献出近年田野考察的实地图像，有些还是尚未发表的一手资料，而且部分图片拍摄时间早、残泐损失少，保留的细节信息具有很高的研究价值。虽然已在正文中一一写明，对供图的师友仍有必要再次感谢。李松教授提供了安岳老君岩、浮山老君洞图像，高明教授提供了延长七里村石窟、药王山南庵图像，胡春涛教授提供了蔚县玉皇阁图像，王汉副教授提供了金灯寺石窟图像，刘静师姐提供了大足南山第 5 窟、汾阳太符观图像，罗国家研究员提供了大足南山第 5 窟图像，孙博副研究员提供了青龙寺图像，叶育伦老师提供了墓地后土图像，长沙市大观仓艺术博物馆郭家誉馆长提供了馆藏卷轴画图像，武威市博物馆吴春勇主任联系提供了馆藏卷轴画图像，重庆中国三峡博物馆彭冰副研究馆员联系提供了馆藏纸马图像，晋之源壁画艺术博物馆提供了石楼后土庙图像，陈耕博士提供了北京白云观图像，校友陈泽仁提供了临汾东羊后土庙、汾阳田村后土圣母庙、龙山石窟图像。此外，姜波教授团队对万荣后土祠的调研与图像采集，刁统菊教授团队柴书毓、敬佳鸣、李武勋、李亚慧、梁雅琨、刘怡辰、王琪、王庆安、朱宇璞等对各地后土宫庙的调查成果，都为本书提供了相关图像，在此一并感谢。在此也要向亲身参与田野调查和文物保护并提供图像的众多文博人和爱好者致以敬意。

在图像整理方面，为弥补部分实物图较为模糊、残损严重的缺憾，本书增绘了后土图像线描图以辅助研究。在此感谢陈磊副教授推荐的西安美术学院郜虹、胥彭睿劼两位同学的精心绘制。同时感谢协助完成部分图像处理工作的广东省博物馆图像人类学研究中心邓惠贤。

本书得以出版，有赖于山东大学出版社刘森文、傅侃诸位老师的辛勤编辑工作，在此表示由衷的谢意。

本书只是后土图像研究的开始，是在前人研究的基础上对后土图像的搜集整理和展示介绍。感谢曾对后土开展过考察研究的学界同仁，你们的名字将在历史的长河中熠熠生辉。

2023 年冬，马梦莹书于花城